世界各地から届いた
あたたかい野菜料理とアレンジメニュー 85品

世界のホットサラダ レシピ

Hot Salad Recipie of the World

誠文堂新光社

Contents

◆ ヨーロッパ

[スペイン]
- バスクのまかないサラダ …………………… 6
- アホアリエロ ………………………………… 8
- パタタスブラバス …………………………… 10
- エスカリバーダ ……………………………… 12
- タコのガリシア風 …………………………… 14

[イタリア]
- パニッサ ……………………………………… 15
- インサラータ・ルッサ ……………………… 16
- ズッキーニの野菜サンド …………………… 18
- ビーツのニョッキ …………………………… 20

[フランス]
- ほうれん草とベーコンのキッシュ ………… 22
- 季節野菜のココット蒸し …………………… 24

[ベルギー]
- リエージュ風サラダ ………………………… 26
- グリーンアスパラのフランドル風 ………… 28

[イギリス]
- コロネーションチキンのサラダ …………… 30

[ロシア]
- ジュリエン …………………………………… 32
- きのこのマリネ ……………………………… 34

[ジョージア]
- アジャプサンダリ …………………………… 35

[ドイツ]
- ザワークラウト ……………………………… 36
- ブラートカルトッフェルン ………………… 38

[チェコ]
- カリフラワーのフライ ……………………… 40
- コールラビのマッシュルーム詰め ………… 42
- ローストポークとゆでパンと
  ザワークラウトの煮込み ………………… 44

[ベラルーシ]
- なすとくるみのサラダ ……………………… 47
- ズッキーニのサワークリーム煮 …………… 48
- なすとチーズのロール巻き ………………… 50

[スウェーデン]
- スイートチリニシンのコンキリエサラダ ‥ 52
- ズッキーニのグリルサラダ ………………… 54
- チキンのホットオープンサンドイッチ …… 55
- ホットピッティパンナ ……………………… 56

◆ アジア・オセアニア

[ベトナム]
- ホット生春巻き ……………………………… 60
- 五目野菜のホットソースがけ ……………… 62
- なすのサラダ ………………………………… 64
- たけのこと牛肉のサラダ …………………… 66
- 蒸し野菜のニョクマム卵ソース …………… 68

[タイ]
- ラープガイ …………………………………… 69
- ヤムタレー …………………………………… 70
- ヤムマクア …………………………………… 72
- ヤムウンセン ………………………………… 74

[韓国]
- ズッキーニのヤンニョム添え ……………… 76
- アンチョビとチンゲン菜の
  ピリ辛サラダ ……………………………… 77
- かぼちゃ蒸し ………………………………… 78
- チャプチェ(雑菜) …………………………… 80
- しょうが汁かけ五色ナムル ………………… 82

[中国]
- 野菜のせいろ蒸し …………………………… 84
- なすの素揚げ 薬味ソース ………………… 86
- 蒸し鶏ときのこのホットサラダ …………… 87
- ホットピータン豆腐サラダ ………………… 88

[トルコ]
- イマムバユルドゥ …………………………… 90

ブルグルのサラダ ……………………… 92
パトゥルジャン・サラタス ……………… 94
ひよこ豆のサラダ ……………………… 95
シガラ・ボレイ …………………………… 96

[オーストラリア]
きのことじゃがいものフリット ………… 98
ジャンボマッシュルームと
秋なすのオーブン焼き ………………… 100
温野菜のマカダミアナッツソースあえ … 102
たっぷり野菜と白身魚のカルトッチョ … 104

◆ 北米
[アメリカ]
コブサラダ ……………………………… 108
グリルチキン・ベジタブルサラダ ……… 110
カラマリサラダ …………………………… 111

[カナダ]
春雨シーフードサラダ …………………… 112

◆ 南米
[ブラジル]
アボブリーニャのサラダ ………………… 116
アボブリーニャのオーブン焼き ………… 118
サピカオン ……………………………… 120
グランジビッコ ………………………… 121
サラダ・デ・フェジョン ………………… 122

[ペルー]
カウサ・レジェーナ・デ・アトゥン …… 124
ソルテリート …………………………… 126
ロクロ …………………………………… 128

[メキシコ]
じゃがいもと万願寺唐辛子のサラダ … 130
ウチワサボテンのサラダ ………………… 132
ズッキーニとブロッコリーのサラダ …… 134
ほうれん草のサラダ …………………… 135

◆ アフリカ
[エジプト]
ホムモス ………………………………… 138
ファラフィル ……………………………… 140
フル・ミダモス ………………………… 142

[モロッコ]
スラダ・ドゥ・ブタタ …………………… 143
ザアルーク ……………………………… 144

[マリ]
ファコイ ………………………………… 146

[コートジボワール]
パステル ………………………………… 148

[セネガル]
さつまいものグラタン …………………… 150
アクラ …………………………………… 152

Column 1
食と野菜のエピソード
ヨーロッパ ……………………………… 58
アジア・オセアニア ……………………… 106
北米 …………………………………… 114
南米 …………………………………… 136
アフリカ ………………………………… 153

Column 2
世界のユニークサラダ
きゅうりとメルッパのソットアチェート … 154
毛皮のコートを着たニシン ……………… 155
パルタ・レジェーナ ……………………… 156
にんじんとパプリカのサラダ …………… 157

本書の見方 ……………………………… 4
◇Shop List …………………………… 158

本書の見方

1_ 国旗

2_ 国名

3_ レシピ名

4_ レシピ紹介文

5_ ショップナンバー
・アルファベットはレシピ提供元の店舗のナンバーを示しています。
・詳細はp158-159のshop listで紹介しています。

6_ 材料
・材料は基本的に2人前で記載しています。
・1カップは200ml、小さじ1は5ml、大さじ1は15mlです。1mlは1ccです。

7_ 作り方
・作り方の火加減は、表記のない場合は中火で調理してください。
・油について、表記のない場合は「サラダ油」を指します。
・具材を煮たり、ゆでたりするときの水や湯の分量は
　基本的に記載していません。
・分量が決まっている場合は材料に記載しています。

※一部の国名、地域については通称を記載しています。
※本書の内容は2015年11月現在の情報です。

Part 1

ヨーロッパ

長い歴史の中で、さまざまな文化が受け継がれてきたヨーロッパ。
身近な食材を使っていても、組み合わせや調味料の使い方で
新しい味を発見できるレシピが揃いました。

- ◆ イタリア
- ✤ スペイン
- ❦ フランス
- ❋ ベルギー
- ✿ イギリス
- ✾ ロシア
- ♣ ジョージア
- ✤ ドイツ
- ✿ チェコ
- ✱ ベラルーシ
- ♆ スウェーデン

〈 スペイン_Spain 〉

バスクのまかないサラダ

食べごたえのあるシンプルな温野菜サラダ。
スペイン料理で使うことの多いシェリービネガーは、
まろやかな香りと酸味があります。

材料（2人分）
じゃがいも … 1個
玉ねぎ … ½個
ブロッコリー … ½株
ハム … 3枚
シェリービネガー … 大さじ3
塩 … 適量
オリーブオイル … 大さじ3

作り方
1. じゃがいもは串が通るまでゆでる。じゃがいもの皮をむき、ボウルで粗く潰す。
2. 玉ねぎはみじん切りにし、オリーブオイルを熱したフライパンできつね色になるまで炒める。
3. ブロッコリーは鍋でさっとゆでて、ひと口大に切る。
4. 1、2、3をあえて、ハムとシェリービネガーを加える。混ぜ合わせてから塩で味を調え、器に盛る。

〈 スペイン_Spain 〉

アホアリエロ

「アホ」は "にんにく"、「アリエロ」は "商人" の意味。
長旅をする商人が、「バカラオ」= "タラの塩漬けの干物" を
野菜と一緒に煮込んだのが始まりといわれています。

材料（2人分）

塩ダラ … 2切れ
トマト … 2個
玉ねぎ … ½個
パプリカ … 1個
ピーマン … 2個
じゃがいも … 1個
にんにく … 2片

鷹の爪 … 1本
パプリカパウダー … 小さじ1
塩 … 適量
オリーブオイル … 大さじ2
イタリアンパセリ（みじん切り）
　… 適量

作り方

1. 塩ダラは皮をひいて、ひと口大に切る。
2. トマトは湯むきして1.5cm角に切る。玉ねぎ、パプリカ、ピーマンは、それぞれひと口大に切る。じゃがいもはひと口大に切り、ゆでて火を通しておく。にんにくは潰し、鷹の爪は種を取る。
3. 熱したフライパンにオリーブオイルを入れ、にんにく、鷹の爪を加えて弱火で香りを出す。
4. 玉ねぎを加えて透き通るくらいまで炒めたら、パプリカ、ピーマン、じゃがいもの順に加えて炒める。
5. パプリカパウダーを加え、オリーブオイルに香りを移す。
6. トマトを加え、約5分弱火で煮込む。
7. 塩ダラを加えてさっと火を通し、塩で味を調える。
8. 器に盛り、イタリアンパセリをふる。

〈 スペイン_Spain 〉

パタタスブラバス

スペインの若者に人気のフライドポテト。
ブラバスソースを作る時間がないときは、
ケチャップにタバスコを加えるだけでも。

材料（2人分）

じゃがいも（インカのめざめ）
　… 5個
アイオリソース（市販品）
　… 大さじ1
揚げ油 … 適量
ブラバスソース
　にんにく … 1片
　鷹の爪 … 1本
玉ねぎ … 1個
パプリカパウダー … 小さじ1
白ワイン … 20㎖
白ワインビネガー … 10㎖
トマトケチャップ … 100g
オリーブオイル … 大さじ1
塩 … 少々

作り方

1. ブラバスソースを作る。熱した鍋にオリーブオイルを入れ、潰したにんにく、種を取った鷹の爪を加えて香りを出す。
2. みじん切りにした玉ねぎを加え、きつね色になるまで炒める。
3. パプリカパウダーを加え、オリーブオイルに香りを移す。すぐに白ワインと白ワインビネガーを加える。
4. トマトケチャップを加え、ひと煮立ちさせる。
5. 4をミキサーにかけて、塩で味を調える。
6. じゃがいもは皮をよく洗い、串が通るまでゆでる。
7. 6を半分に切り、180℃の揚げ油できつね色になるまで素揚げする。
8. フライパンで5と7をからめ、器に盛る。アイオリソースを添える。

〈 スペイン_Spain 〉

エスカリバーダ

野菜をまるごと焼く豪快な料理。バケットにのせたり細かく切って冷やしても楽しめます。

材料（2～3人分）

玉ねぎ … 1個
パプリカ（赤、黄）… 各1個
なす … 2本
にんにく … 1株
塩 … 少々
オリーブオイルA … 適量
ロメスソース
　ニョラ（乾燥パプリカ）
　　… 1個
　パプリカ（赤）… 1個

トマト … 1個
アーモンドプードル … 50g
にんにく … 6片
パプリカパウダー … 2g
水 … 100㎖
シェリービネガー … 15㎖
オリーブオイルB … 50㎖
オリーブオイルC … 40㎖
塩…適量

作り方

※オーブンは250℃に余熱しておく。

1. ロメスソースを作る。ボウルに水とシェリービネガーを合わせ、種を取ったニョラをひと晩漬けて戻す。戻し汁はとっておく。
2. パプリカはオリーブオイルAと少量の塩を塗り、アルミホイルで包む。オーブンで方向を変えながら約25分焼く。
3. トマトは半分に切り、オーブンで約15分焼く。
4. アーモンドプードルはときどき混ぜながら、オーブンできつね色になるまで焼く。
5. 熱した鍋にオリーブオイルBを入れ、薄切りにしたにんにくを加えて香りを出す。
6. 1～4を5の鍋に加えて、潰しながら炒める。ニョラの戻し汁を加え、ひと煮立ちさせる。
7. 6をミキサーにかけ、オリーブオイルCを少しずつ加えながら乳化させる。パプリカパウダーを加え、塩で味を調える。
8. 玉ねぎは皮つきのまま、上下に十字の切り込みを入れる。玉ねぎ、パプリカ、なす、にんにくは、オリーブオイルと塩を塗ってアルミホイルで包み、オーブンで方向を変えながら焼く。玉ねぎ約30分、パプリカ約25分、なすとにんにくは約15分焼く。
9. 器に盛り、7のロメスソースを添える。

〈 スペイン_Spain 〉

タコのガリシア風

タコを食べる習慣が少ないヨーロッパ。しかしスペインのガリシア地方ではゆでたタコが、じゃがいもとともに器に並びます。

材料（2人分）

タコ（ゆでたもの）… 100g
じゃがいも … 1個
アイオリソース（市販品）… 85g
塩、ホワイトペッパー … 各適量
パプリカパウダー … 適量
フルール・ド・セル※ … 適量
オリーブオイル … 適量

作り方

1. 鍋に湯（分量外）を沸かし、多めの塩を入れる。じゃがいもを入れ、串が通るまでゆでる。
2. 1の皮をむき、粗く潰してアイオリソースであえる。塩、ホワイトペッパーで味を調える。
3. タコは薄く切る。
4. 3を器に並べてパプリカパウダー、フルール・ド・セル、オリーブオイルをふりかけ、2を添える。

※「フルール・ド・セル」とは"塩の花"を意味する塩の一種。大きめの粒が特徴で、スペインではマジョルカ島産のものが有名。

〈 イタリア_Italy 〉

パニッサ

イタリア北西部のリグーリア州の伝統的なフリット。衣をつけていないのに、外はカリカリ、中はふわふわの口当たりです。

材料（2〜3人分）

ひよこ豆（粉）… 50g
水 … 210㎖
オリーブオイル … 8g
塩 … 2g
揚げ油 … 適量
オリーブ … 6個
ミニクレソン … 少々

作り方

1. 水、オリーブオイル、塩を鍋に入れ、沸騰させる。
2. 火を止めてひよこ豆を足し、ミキサーに移してなめらかになるまで混ぜる。
3. 2を5cm程度の厚さになるように、長さ10cm、幅5cmの四角い容器に入れ、固まるまで冷ます。粗熱が取れたら、3つに切り分ける。
4. 3を170℃の揚げ油で約6分揚げる。
5. 器に盛り、オリーブ、ミニクレソンを飾る。

〈 イタリア_Italy 〉
インサラータ・ルッサ

"ロシアのサラダ" という意味の、
イタリアのポテトサラダを
色味の豊かなじゃがいもでアレンジ。

材料（2人分）

じゃがいも（中・キタアカリ、
　　シャドークイーン、ノーザンルビー）
　　… 各1個（合計200g）
塩 … 少々
オリーブオイル … 適量
豆乳マヨネーズ
　　┌ サラダ油 … 300ml
　A │ 豆乳 … 130ml
　　│ レモン（絞った汁）… 15ml
　　└ 塩 … 小さじ 3/4

ビーツのソース
　ビーツ … 1個
　水 … 200ml
　塩 … 3g
　赤ワインビネガー … 25ml
　オリーブオイル … 30ml
アランサス … 適宜
マイクロリーフ … 適宜
レモン … 適宜

作り方

豆乳マヨネーズ

Aをフードプロセッサーで撹拌し、油を少しずつ糸状に入れる。なめらかになるまで撹拌する。

ビーツのソース

鍋に2cm厚さのいちょう切りにしたビーツ、水、塩を入れてフタをし、ごく弱火で20分煮る。ビーツに湯がかぶるように調整し、減ったらそのつど水を足す。ビーツに火が通ったら、ミキサーにかけ、赤ワインビネガーとオリーブオイルを足しながら撹拌する。

インサラータ・ルッサ

1. 皮をむいたじゃがいもは、串が通るまでゆで、粗熱が取れてから3cm角に切る。
2. *1*を飾り用に少量取りわけ、残りに塩とオリーブオイルで下味をつける。豆乳マヨネーズと*1*を混ぜ合わせる。
3. 器に盛り、*2*でわけたじゃがいもとアランサス、マイクロリーフをのせ、ビーツのソースを飾り、レモンを絞る。

〈 イタリア_Italy 〉

ズッキーニの野菜サンド

小麦粉をビールで溶くことで、
衣がふっくらサクサクに。サンドイッチの中身は、
ひと晩寝かせるとより甘みが出ます。

材料（2人分）

ズッキーニ … 2/3本
玉ねぎ … 2個
にんじん … 1本
干しぶどう … 10g
塩 … 5g
白ワインビネガー … 120㎖

ビール … 180㎖
小麦粉 … 100g
サラダ油 … 適量
ローズマリー … 1本

作り方

1. 玉ねぎは5㎜厚さのせん切りにする。にんじんは2㎜厚さのせん切りにする。干しぶどうは半量をみじん切りにし、合わせておく。
2. 熱したフライパンに油をひき、玉ねぎ、にんじん、干しぶどうの順に炒め、塩をふる。
3. 歯ごたえが残る程度にしんなりしたら、白ワインビネガーを入れ、約3～5分煮る。
4. ズッキーニは1㎝厚さの輪切りにする。
5. 小麦粉をビールで溶いて衣を作る。
6. 熱したフライパンに油を多めにひく。ズッキーニに 5 の衣をつけて両面がカリカリになるまで焼く。
7. 6 に 3 をはさみ、器に盛る。ローズマリーを飾る。

※ 3 の具は、密閉容器で冷蔵庫保管すると、約1週間保存可能。

Europe

〈 イタリア_Italy 〉
ビーツのニョッキ

ニョッキはじゃがいもと小麦粉で作る
イタリアの伝統的なパスタ。
ビーツを練り込むことで、鮮やかな赤紫色に。

材料（2〜3人分）

ニョッキ
- じゃがいも（中） … 1〜2個
- ビーツ … 90g
- マスカルポーネチーズ … 60g
- 片栗粉 … 60g
- 塩 … 4g

フォンデュ
- 牛乳 … 150ml
- コーンスターチ … 70g
- パルミジャーノチーズ（粉） … 100g
- 塩 … 4g

- にんじん … 1/3本
- 紫大根 … 1/4本
- ズッキーニ（黄） … 1/4本
- 小松菜 … 2枚
- パルミジャーノチーズ（粉） … 適量
- バルサミコ酢 … 適宜
- パセリ … 適宜

作り方

1. ニョッキを作る。じゃがいもは皮をむき、鍋で約30分ふかす。
2. ビーツは2cm角に切り、ひたひたの水で約20〜30分煮る。ミキサーにかけてシノワ（なければ深めのざる）で漉す。
3. 1、2と片栗粉、マスカルポーネチーズ、塩を混ぜ合わせる。
4. 3を小さく丸め、沸騰した湯で約3分半ゆでる。
5. フォンデュを作る。コーンスターチは牛乳大さじ1で溶く。
6. 残りの牛乳に塩を加えて沸かし、5を糸状に流し入れてとろみをつける。パルミジャーノチーズを入れて混ぜる。
7. にんじん、紫大根は3cm厚さのいちょう切りに、ズッキーニは1.5cm厚さの輪切りにする。
8. 鍋に湯を沸かし、にんじんは約5分、ズッキーニは約3分、紫大根と小松菜は約2分、それぞれゆでる。
9. 器に6のフォンデュを注ぎ、その上に4のニョッキと8の野菜を並べる。あればバルサミコ酢をたらし、パルミジャーノチーズ、パセリを散らす。

〈 フランス_France 〉

 # ほうれん草とベーコンの キッシュ

卵液と野菜などの具材を入れて焼くタルトベースの料理。
フランス北東部のアルザス＝ロレーヌ地方では
生クリームとベーコンを加えるのが特徴です。

材料（直径21cmのタルト型1個分）

ほうれん草 … 120g
ベーコン（スライス）… 100g
タルトベース
　薄力粉 … 130g
　卵黄 … 1個
　塩 … 適量
　無塩バター … 75g

アパレイユ（混合液）
　卵 … 2個
　生クリーム … 100mℓ
　牛乳 … 100mℓ
　グラナパダーノチーズ（粉）
　　… 20g
　塩、こしょう … 各適量

作り方

※オーブンは160℃に余熱しておく。

1. タルトベースを作る。ボウルに溶かしたバター、ふるった薄力粉、卵黄、塩を入れてクリーム状になるまで混ぜ合わせる。
2. 直径21cmのタルト型に詰め、アルミ製のパイ用重石をのせる。重石がない場合は、型の底に生地を手でなじませ、フォークで穴を開ける。
3. オーブンで焼き色がつくまで約30分焼く。
4. ほうれん草を2〜3cm長さに、ベーコンを5mm長さに切る。
5. ボウルに4とアパレイユの材料を入れて混ぜ合わせ、3のタルトベースに流し込む。
6. 5をオーブンで焼き色がつくまで約30分焼き、器に盛る。

⟨ フランス_France ⟩

季節温野菜の
ココット蒸し

ストウブココットで温野菜を食べるのがフランス風。
アンチョビをソースにしたサラダは、
現地の家庭料理の定番です。

材料（2人前）

キャベツ … 1/6個
にんじん … 1/4本
かぶ … 1/2個
ホワイトアスパラガス … 1本
オクラ … 2本
モロッコいんげん … 2本
エリンギ … 4本（20g）
ぶなしめじ … 1/2株（20g）
パンチェッタ … 20g
ブイヨン（顆粒）… 小さじ1

アンチョビソース
にんにく … 60g
牛乳 … 100㎖
アンチョビ（市販品）
　　… 30g
水 … 40㎖
生クリーム … 20㎖
オリーブオイル … 20㎖

作り方

1. アンチョビソースを作る。鍋に、にんにく、牛乳を入れて、やわらかくなるまで煮込む。粗熱が取れたら、アンチョビを加えミキサーでクリーム状になるまで混ぜ合わせる。

2. 1を鍋に戻し、水、生クリーム、オリーブオイルを加えて煮込み、一度沸騰させたら耐熱容器に盛る。

3. 野菜、きのこ類は食べやすい大きさに切り分ける。にんじんとかぶは串が通るまで火を通す。

4. ストウブココットに3、ブイヨン、5mm厚さに切ったパンチェッタを入れ、フタをする。野菜に火が通るまで約4〜5分（野菜の水分で）蒸し焼きにする。

5. 4を2につけていただく。

Europe

〈 ベルギー_Belgium 〉

リエージュ風サラダ

リエージュはベルギー東部に位置する都市の名前。マスタードの香りと酸味が効いたボリュームのあるサラダは、この地域で親しまれている家庭料理です。

材料（2〜3人前）
- いんげん … 50g
- じゃがいも（小・男爵）… 1個
- ベーコン（ブロック）… 50g
- サニーレタス … 4枚（35g）
- トレビス … 2枚（15g）
- ドレッシング
  - A 粒マスタード … 大さじ1
  - 練りマスタード … 大さじ1
  - オリーブオイル … 大さじ1

作り方

1. いんげんは端を切り落とし、筋を取る。鍋に湯を沸かし、約1分ゆでる。ざるに上げて粗熱を取り、半分に切る。
2. じゃがいもは皮をむき、鍋に沸騰させた湯に入れ、弱火で約20分ゆでる。鍋から取り出して冷まし、16等分に切る。
3. ベーコンは1cm幅の拍子木切りにする。
4. Aを混ぜ合わせてドレッシングを作る。
5. 耐熱容器に 1〜4 を入れて、電子レンジ（500W）で約1分半温めてから、軽く混ぜ合わせる。
6. サニーレタスとトレビスを食べやすい大きさにちぎる。
7. 器に 6 を散らし、5 をのせる。

Europe

 〈 ベルギー＿Belgium 〉

グリーンアスパラガスの
フランドル風

ベルギー北部フランドル地方の郷土料理。
卵のソースのほかにも、半熟卵を割ってのせたり、
生ハムで巻く食べ方もあります。

材料（2～3人分）
アスパラガス（太め・長さ5～6cmのもの）
　… 1束
卵 … 1個
バター … 15g
塩 … 1g
生パセリ … 1房

作り方
1. 卵は鍋で水から約15分ゆで、固めのゆで卵を作る。ざるに上げて冷まし、5mm角のみじん切りにする。
2. 熱したフライパンにバターを溶かし、1と塩を入れ、軽く混ぜ合わせる。
3. アスパラガスは3等分に切る。鍋に湯を沸かし、アスパラガスを根元は約2分、真ん中は約1分45秒、先の部分は約1分半ゆでる。ざるに上げ、水気を切る。
4. 器に3を盛り、2をかける。刻んだパセリを散らす。

〈 イギリス_United Kingdom 〉

コロネーションチキンの
サラダ

エリザベス2世が女王の座に就いた、1953年。その戴冠式（coronation= コロネーション）のパーティーで出されたことが名前の由来。

材料（2人分）

鶏もも肉 … 60g
卵 … 1個
きゅうり … 1/4本
パプリカ … 1/10個
トマト … 1/4個
グリーンカール … 2〜3枚
サニーレタス … 2〜3枚
マヨネーズ … 20g
カレー粉 … 1g
フレンチドレッシング（市販品）… 20ml
クルトン（市販品）… 適量

タンドリーチキンソース
A　ヨーグルト … 大さじ2
　　カレー粉 … 小さじ1
　　トマトケチャップ … 小さじ1
　　しょうが（すりおろし）… 1/2片分
　　にんにく（すりおろし）… 1/2片分
　　はちみつ … 小さじ1/2
　　しょうゆ … 小さじ1/2

シーザーソース
B　シーザードレッシング（市販品）… 12g
　　チリパウダー … 少々
　　カレー粉 … 少々
　　タバスコ … 少々
　　パプリカパウダー … 少々

作り方

1. ボウルにAを混ぜ、タンドリーチキンソースを作る。
2. 鶏もも肉は1でマリネして半日以上おく。220℃に予熱したオーブンで焼き色がつくまで焼き、ひと口大に切る。
3. ボウルにマヨネーズとカレー粉を混ぜ、2をあえる。
4. 卵は固めにゆでて、縦に8等分に切る。
5. ボウルにBを入れて混ぜ、シーザーソースを作る。
6. きゅうりとパプリカは薄切りに、トマトは角切りにする。
7. ボウルにグリーンカールとサニーレタスをちぎって入れ、フレンチドレッシングであえる。
8. 7を器に盛り、3、4、6をのせる。クルトンを散らして5のソースをかける。

〈 ロシア_Russia 〉

ジュリエン

元はフランスから伝わった料理ですが、
サワークリームを使うのがロシア流。
ココットなどの耐熱容器で焼きます。

材料（2人分）

マッシュルーム … 5個（10g）
玉ねぎ … ¼個
小麦粉 … 小さじ1
生クリーム … 大さじ5
サワークリーム … 大さじ3
塩、こしょう … 各少々
ひまわり油 … 適量（サラダ油で代用可能）
好みのチーズ … 適宜

作り方

1. マッシュルームは薄切りにする。玉ねぎはみじん切りにする。
2. ひまわり油を熱したフライパンにマッシュルームを入れ、薄く焼き色がつくまで炒める。水気が出ないように、できるだけかき混ぜずに炒め、器に取り出す。
3. 2のフライパンで玉ねぎを透明になるまで炒める。
4. 3のフライパンにマッシュルームを戻す。小麦粉を生クリームとサワークリームで溶き、流し入れる。沸騰したら塩、こしょうで味を調える。
5. 耐熱容器に移し、220℃に余熱したオーブンで約5～10分、焼き色がつくまで焼く。焼く前に、好みのチーズをのせる。

〈 ロシア_Russia 〉
きのこのマリネ

ロシアの森で、秋の短い期間にどっさり採れるきのこの保存食。
いろいろなきのこを組み合わせて、多めに作るのがおすすめ。

材料（2人分）

きのこ（しめじ、エリンギ、マッシュルーム）
　… 各30g
玉ねぎ … 1/4個
A　クローブ、オールスパイス … 1粒
　　タイム、オレガノ、マヨラン、チャービル、
　　イタリアンパセリ、セロリの葉、バジル
　　　… 各1/4本
　　水 … 3/4カップ
　　白ワインビネガー … 1/3カップ
　　塩 … 小さじ1

作り方

1. きのこは歯ごたえが残るよう、さっと下ゆでする。
2. 玉ねぎは薄めの輪切りにする。
3. Aをすべて合わせて鍋に入れ、沸騰させる。
4. 1、2、3をあえる。ハーブ類を取り除き、葉物野菜（分量外）を敷いた器に盛る。

※密閉容器に入れて冷蔵庫で約1週間保存可能。

〈 ジョージア_Georgia 〉
アジャプサンダリ

地中海沿岸で食されているラタトゥイユ。ジョージアではさらに
多くのスパイスとハーブが加えられ、豊かで複雑な味わいとなります。

材料（2人分）
なす … 2本
玉ねぎ … ½個
パプリカ … ¼個
トマト … 1個
A　にんにく … 1片
　　ベイリーフ … ½枚
　　ディル、イタリアンパセリ、コリアンダー、
　　バジル、カイエンペッパー … 各1本
　　セロリシード、フェヌグリーク、
　　サマーセイボリー … 各少々
ひまわり油 … 適量（サラダ油で代用可能）

作り方
1. なすは1.5cm角に切り、塩（分量外）をふっておいておく。
2. ひまわり油を熱した鍋にみじん切りにした玉ねぎを入れ、透明になるまで炒める。
3. パプリカとトマトをひと口大に切り、2に加え、やわらかくなるまで弱火で煮込む。
4. 1を固く絞り、ひまわり油を熱したフライパンで炒めてから3に加える。
5. Aをみじん切りにして4に加え、味を調える。
6. 葉物野菜（分量外）を敷いた、器に盛る。

〈 ドイツ_Germany 〉
ザワークラウト

アイスバインやソーセージの付け合わせとして
食されているキャベツの酢漬けです。
常温で2週間ほどおいて発酵を進めるのがポイント。

材料（2人分）

キャベツ（大）… 1個（1kg）	ブイヨン（顆粒）… 大さじ1
ベーコン … 1枚	塩 … 8〜10g
玉ねぎ … ½個	水 … 適量
唐辛子 … 1本	塩、こしょう … 各適量
キャラウェイシード … 小さじ1	レタス … 適宜
ベイリーフ … 1枚	黒パン … 適宜
オリーブオイル … 適量	クラッカー … 適宜

作り方

1. キャベツは粗めのせん切りにし、ボウルに入れる。塩、4等分に切った唐辛子、キャラウェイシード、ベイリーフを加えて混ぜ合わせる。
2. 軽石などで重しをして、常温で2〜3週間ひたひたになるまで漬け込んで発酵させる。夏期なら約2週間、冬期なら約3週間が目安。
3. ベーコンと玉ねぎはみじん切りにする。オリーブオイルを熱したフライパンでしんなりするまで炒める。
4. 2を軽く水洗いする。軽く絞り3に加え、しんなりするまで炒める。
5. 4にブイヨンを加え、水をひたひたになるまで入れる。汁気がなくなるまで煮て、塩、こしょうで味を調える。
6. レタスを敷き、5を器に盛る。好みで黒パン、クラッカーを添える。

〈 ドイツ_Germany 〉

 # ブラートカルトッフェルン

「ブラートカルトッフェルン」の意味は"焼いたじゃがいも"。
現地では「シュペックカルトッフェルン」＝"ベーコンとじゃがいも"
という別称でも呼ばれています。

材料（2人分）

じゃがいも … 1個
ベーコン … 1/2枚
玉ねぎ … 1/10個
ワインビネガー … 小さじ1
塩、こしょう … 各適量
サラダ油 … 小さじ1
バター … 小さじ1
レタス … 適宜
パセリ … 適宜

作り方

1. じゃがいもは固めにゆでて皮をむき、3〜4㎜厚さの薄切りにする。
2. ベーコンと玉ねぎは粗めのみじん切りにし、熱したフライパンに入れて、玉ねぎが透き通るまで炒める。
3. 別のフライパンにサラダ油とバターを引き、1を炒める。2を加えたらフタをして、弱火で軽く蒸す。
4. フタを取り、塩、こしょうで味を調える。ワインビネガーを加えて焼き目がつくまで焼く。
5. レタスを敷き、器に盛る。刻んだパセリを散らす。

Europe

memo

ドイツの料理とは切っても切れない食材のじゃがいも。ドイツでは「若い女の子がじゃがいもでフルコースの料理を作れることがお嫁に行ける条件のひとつ」といわれているほど。祭りの際には、じゃがいもの皮むきの速さを競う大会がイベントとして行われることもあります。

〈 チェコ_Czech Republic 〉

カリフラワーのフライ

チェコではファストフード店のメニューに採用されるほどポピュラーな料理。カラッと揚がった衣と花蕾(からい)のさっくりとした歯ざわりが楽しめます。

shop number 1

材料（2人分）
カリフラワー … ½株
パン粉 … 適量
卵 … ½個
牛乳 … 25㎖
小麦粉 … 適量
揚げ油 … 適量
塩、こしょう … 各少々

作り方
1. 鍋に湯を沸かし、塩を入れ、カリフラワーを約2〜3分ゆでる。ざるに上げて粗熱を取り、小房に分ける。茎の部分は切り落とす。
2. パン粉は金ざるの目にこすりつけ、細かくしてふるう。
3. ボウルに卵を割り溶き、牛乳と塩、こしょうを入れて混ぜ合わせる。
4. *1*にまんべんなく小麦粉をまぶし、*3*をからめ、*2*をまぶす。
5. 鍋に熱した180℃の揚げ油できつね色になるまで揚げる。
6. 油を切り、器に盛る。

Europe

〈 チェコ_Czech Republic 〉

コールラビの
マッシュルーム詰め

チェコでは馴染み深いかぶに似た野菜、コールラビの旬は初夏と晩秋。コールラビのあっさりとした味と中に詰めた具の濃厚な味がよく合います。

材料（2人分）

コールラビ … 2株
玉ねぎ … 1/8個
にんにく … 1片
マッシュルーム … 75g
バター … 10g
生クリーム … 75㎖
パセリ … 大さじ1/2

バケット … 1/8本
ゴーダチーズ … 40g
野菜ブイヨン … 50㎖
チャイブ … 適量
（あさつきで代用可能）
塩、こしょう … 各少々

作り方

1. コールラビは余分な枝葉を切り落とし、皮をむく。鍋に湯を沸かして塩を入れ、弱火で約15分ゆでる。取り出して粗熱を取る。

2. 玉ねぎ、にんにくはみじん切りに、マッシュルームは5mm角のさいの目切りにする。バターを熱したフライパンで炒め、生クリームの半量とパセリを入れる。塩、こしょうをし、弱めの中火で約5分煮る。

3. コールラビの中身をスプーンでくりぬき、くりぬいた中身は細かく刻む。

4. コールラビの中に 2 を詰める。詰め切れない分は取っておく。

5. バケット、チーズは1cm角のさいの目切りにし、残りの生クリーム、3、4の残り、ブイヨンと混ぜ合わせる。

6. 天板の上にアルミホイルを敷き、コールラビをのせ、周りに 5 を置く。180℃に予熱したオーブンで約30～35分焼く。

7. 器に盛り、刻んだチャイブを散らす。

43

 〈 チェコ_Czech Republic 〉
ローストポークとゆでパンと
ザワークラウトの煮込み

チェコの料理を代表する組み合わせの3品。
ザワークラウトの煮込みの甘酸っぱさと、
ゆでパンの食感が肉の旨味を引き立てます。

材料（2人分）

ザワークラウトの煮込み
- ザワークラウト（市販品） … 500g
  - ※酸味が強い場合、水洗いをする。
- 玉ねぎ … 1/4個
- 小麦粉 … 大さじ1
- キャラウェイシード … 少々
- 砂糖、塩 … 各少々
- サラダ油 … 適量

ゆでパン
- 食パン … 1/2枚
- 牛乳 … 70mℓ
- 小麦粉 … 100g
- ドライイースト … 大さじ1/2
- 砂糖 … 少々
- 卵黄 … 1/2個
- 塩 … 少々

ローストポーク
- 豚バラ肉（ブロック） … 150g
- にんにく … 1片
- 玉ねぎ … 1/8個
- パプリカパウダー、キャラウェイシード、トマトピューレ … 各少々
- 塩 … 3.5g
- パセリ … 少々

※作り方はP.46

Europe

ローストポークとゆでパンと
ザワークラウトの煮込み

作り方

ザワークラウトの煮込み

1. 鍋にザワークラウトをあけ、ひたひたの水（分量外）を入れる。キャラウェイシードを加えフタをし、弱火で約1時間煮る。味をみて、必要があれば塩を加える。
2. 玉ねぎはみじん切りにし、油を熱したフライパンで炒め、焼き目がついたら小麦粉をまぶしてさらに炒める。
3. 1の中に2を入れ、砂糖、塩で味を調え、火を止める。

ゆでパン

1. 食パンは2cm角のさいの目切りにし、ひと晩おいてカサカサになるまで乾燥させる。
2. 牛乳はミルクパンで人肌に温める。小麦粉はざるでふるっておく。
3. ボウルに2の小麦粉小さじ¼とドライイースト、砂糖を入れ、1の牛乳25mlを注いで混ぜ、40℃で約15分発酵させる。
4. 3を大きいボウルに移し、残りの牛乳と卵黄、塩、1を入れ、全体がなじむまで混ぜ合わせる。濡らしたふきんをかぶせ、40℃で約90分発酵させる。
5. 2倍の量に膨らんだら、俵型にする。
6. 鍋に湯を沸かし、塩（分量外）を入れ、5を入れる。フタをし、約11分ゆでる。ひっくり返してさらに約11分ゆでる。
7. ゆで上がったら水気を切り、まな板に上げ、粗熱を取る。

ローストポーク

1. 豚肉は3cm角切りにする。にんにくはすりおろす。玉ねぎはみじん切りにする。
2. 豚肉ににんにくを塗りこみ、塩をふる。
3. パプリカパウダーとキャラウェイシード、トマトピューレをまぶし、玉ねぎをのせ、180℃に予熱したオーブンで約90分焼く。

〈 盛りつけ 〉

ゆでパンは1cm厚さに、ローストポークは5mm厚さに切り分けて、器に盛る。ザワークラウトの煮込みを添え、刻んだパセリを散らす。

〈 ベラルーシ_Belarus 〉

なすとくるみのサラダ

フレッシュハーブと生のにんにくが効いた大人向けのサラダ。
くるみの歯ごたえが、炒めた野菜にアクセントを与えます。

材料（2人分）

- なす … 2本
- くるみ … 4片
- ミニトマト（赤、黄、黒など）… 5個
- 玉ねぎ … 1/8個
- にんにく … 1片
- フレッシュハーブ（コリアンダー、パセリ、ディル）… 各小さじ1
- 塩 … 小さじ1/5
- サラダ油 … 大さじ1

作り方

1. 玉ねぎ、にんにく、くるみはみじん切りにする。くるみはフライパンで香りが出るまで炒る。
2. ハーブ類は細かく刻む。ミニトマトは4等分のくし切りに、なすはミニトマトと同じくらいの大きさのいちょう切りにする。油を熱したフライパンに入れ、焼き色がつくまで炒める。
3. ボウルに*1*と*3*、塩を入れ、混ぜ合わせる。
4. 器に盛りつけ、*2*のハーブ類を散らす。

〈 ベラルーシ_Belarus 〉

ズッキーニの
サワークリーム煮

トマトとサワークリームの酸味と、にんにくの香りを
活かしたソースはベラルーシの定番。
季節の野菜を使って親しまれている料理です。

材料（2人分）

ズッキーニのサワークリーム煮
- ズッキーニ … 1本
- トマト（小）… 1個
- にんにく … 1片
- サワークリーム … 大さじ4
  （サワークリームを用意できない場合は、プレーンヨーグルトと生クリームを1:1で合わせて一晩置いたもので代用可能）
- 塩 … 小さじ½
- サラダ油 … 大さじ1

- ディル、イタリアンパセリ … 適宜

マッシュポテト
- じゃがいも … 2個
- にんにく … ⅓片
- ディル … ⅓束
- 牛乳 … 50〜70cc
- バター（無塩）… 小さじ1

作り方

ズッキーニのサワークリーム煮

1. ズッキーニは8mm厚さの輪切りにし、油を熱したフライパンで焼き色がつくまで両面を焼く。
2. トマトは1.5cm角のさいの目切りに、にんにくはみじん切りにする。
3. 鍋に*1*と*2*とサワークリーム、塩を入れて、約5分弱火でゆっくりかき混ぜながら火を通す。
4. 器に*3*を盛りつける。マッシュポテトを中央にのせ、イタリアンパセリと刻んだディルを飾る。

マッシュポテト

1. 鍋に湯を沸かし、皮をむいて半分に切ったじゃがいも、にんにく、ディルを入れて、やわらかくなるまでゆでる。
2. 鍋の湯とにんにく、ディルを取り除き、水分が飛ぶまで鍋を揺すりながら火にかける。熱いうちにじゃがいもを潰す。
3. 別の鍋に牛乳を沸かし、*2*に加える。水分量に注意し、とろりとするまで混ぜ合わせる。バターを加えてさらに混ぜる。

〈 ベラルーシ_Belarus 〉

なすとチーズの
ロール巻き

なすで包んだかわいらしい見た目が、
おもてなし料理にぴったり。モッツァレラチーズと
ほのかなにんにくの風味が口の中にふわっと広がります。

材料（2人分）

米なす … 1個
にんじん … 1本
モッツァレラチーズ（セミハードタイプ）
　… 30g
にんにく … 1片
小ねぎ（緑の部分）… 5本分
塩 … 適宜
サラダ油 … 大さじ1

作り方

1. にんじん、モッツァレラチーズ、にんにくはすべてすりおろす。
2. 油の半量を熱したフライパンににんじんを入れ、火が通るまで炒める。
3. ボウルに2とモッツァレラチーズ、にんにくを入れ、混ぜ合わせる。味を見て、必要があれば塩を足して味を調える。5等分にして、俵型にする。
4. 米なすはヘタを取り、5mm厚さの薄切りにする。残りの油を熱したフライパンで焼き色がつくまで両面を焼く。
5. 器に4を盛り、3をのせて米なすの両端を重ねて包む。小ねぎで巻き、結ぶ。余分な端は切り落とす。

〈 スウェーデン_Sweden 〉

スイートチリニシンの
コンキリエサラダ

「コンキリエ」とは、ソースがよくからむ小さな貝殻状の
パスタのこと。ピリッと甘辛いニシンの味わいで
包まれた野菜とパスタがよく合います。

材料（2人分）

コンキリエ … 200g
チリ味のニシン（市販品）… 275g
ブロッコリー … 3房
トマト … 3個
ディル … 小さじ3
塩、こしょう … 各少々
オリーブオイル … 適量

作り方

1. ブロッコリー、トマトはひと口大に切る。
2. 鍋に水を入れて沸騰させ、ブロッコリーを強火で約2分ゆでる。
3. コリンキエを指定の時間（パッケージに記載）ゆでて、ざるに上げたら、オリーブオイルをからませる。
4. 3を器に盛る。ニシン、ブロッコリー、トマトをのせて、みじん切りにしたディルを振りかける。
5. 好みで塩、こしょうを加えて味を調える。

〈 スウェーデン_Sweden 〉

ズッキーニのグリルサラダ

オーブンでじっくり焼き上げたズッキーニのほくほく感と、
日本風にアレンジしたドレッシングの酸味が相性抜群です。

材料（2人分）

ズッキーニ … 2本
ミニトマト … 4個
ドレッシング
　砂糖 … 小さじ1
　しょうゆ … 大さじ½
　バルサミコ酢 … 大さじ1
　オリーブオイル … 大さじ1

作り方

1. ズッキーニを縦4等分に切り、200℃に予熱したオーブンで約20分焼く。
2. ミニトマトは4等分に切る。
3. ボウルにドレッシングの材料を入れて泡立て器でよく混ぜ合わせる。
4. 1を器に盛る。2を散らして、3をかける。

 〈 スウェーデン_Sweden 〉
チキンのホットオープンサンドイッチ

現地では前菜やサラダ、軽食として食べられているレシピ。
スウェーデンでポピュラーな黒パンが豊かな風味を添えます。

材料（2人分）

鶏むね肉 … 100g
レタス … 3枚
トマト … ½個
黒パン（薄切り）… 2枚
ゆで卵 … ½個
シーザードレッシング（市販品）… 適量
こしょう … 適量
オリーブオイル … 適量
バター … 大さじ1

作り方

1. 鶏肉はオリーブオイルをふりかけ、180℃に予熱したオーブンで約20分焼き、4等分に切る。
2. レタスはひと口大にちぎる。トマトはくし切りにする。
3. 器に黒パンを2枚並べ、バターを塗る。
4. 3に2、1、ゆで卵の順にのせる。
5. 4にシーザードレッシング、こしょうをふりかける。

〈 スウェーデン_Sweden 〉

 ホットピッティパンナ

「ピッティパンナ」はスウェーデンの伝統的な家庭料理で、
"フライパンの中の小さいもの"という意味。
目玉焼きをのせても、おいしくいただけます。

材料（2人分）

じゃがいも … 5個	塩 … 適量
紫玉ねぎ … 1個	パプリカパウダー … 適量
ソーセージ … 100g	チリパウダー … 適量
にんにく … 1片	レモン … 適宜
ビーツ（瓶詰め・市販品） … 5個	オリーブオイル … 適量
	パセリ … 適量

作り方

1. じゃがいもは皮をむいてひと口大に切り、串が通るまでやわらかめにゆでる。
2. 紫玉ねぎはみじん切りに、ソーセージはさいの目切りにする。
3. オリーブオイルを熱したフライパンに薄切りにしたにんにくと2を入れて炒める。
4. 3がしんなりしたら、塩、パプリカパウダー、チリパウダーで味を調える。
5. 4のフライパンに1とビーツを加え、形が崩れないように混ぜ合わせる。好みでレモンを絞る。
6. 器に盛り、パセリをふりかける。

食と野菜のエピソード
ヨーロッパ

長い歴史の中で、それぞれの地域で美味を追求し、「食」を文化にまで高めてきたヨーロッパ。現在では、おいしさだけではなく「健康」や「環境」も食のキーワードになっています。

in Italy（イタリア）

　イタリアの人々は、暮らしている土地の食べ物や調理法に自信を持っています。昔から食を楽しむ習慣が身についていて、親しい人たちとワインを飲みながらゆっくり過ごす食事の時間をとても大切にしています。家族そろってテーブルを囲むゆっくりとした時間は、食事のおいしさだけではない豊かさをもたらしてくれます。1986年、ローマに大手ファストフードチェーンの1号店が誕生したときは、抗議運動が起きたそう。今では日本でもライフスタイルの一環として知られている「スローフード」という言葉は、このとき生まれました。「速さ」や「安さ」を売りにするファストフードに対抗し、地元の伝統的な食文化を守ろうという思いがこめられた言葉だったのです。

in United Kingdom（イギリス）

　小麦やオリーブを中心とした食生活を送る南欧に比べると、肉食のイメージが強いヨーロッパの北部ですが、イギリスではもっと野菜を食べようという運動が広まっています。たとえば、「ミート・フリー・マンデー」キャンペーン。2009年に元ビートルズのポール・マッカートニーがロンドンで立ち上げたこのキャンペーンは、週に1回だけでも肉類を食べない日を設けようという運動。家畜を飼育し消費することで温室効果ガスの排出が増えるというデータもあり、肉食から菜食にシフトしていくことは、地球環境にも優しいのだそうです。

in Germany（ドイツ）

　食といえばソーセージ、というイメージが強いドイツ。ドイツには「クライン・ガルテン」＝"小さな庭"という昔から続く市民農園の制度があります。近年では若い人たちを中心にこのシステムを利用した野菜作りがブームになっており、仕事を終えたあとの時間や週末を利用して、手入れを楽しんでいます。ベルリンなどの都市部では、菜園を併設したおしゃれなカフェがあります。

アジア・オセアニア

熱帯の暑さに負けないスパイシーな風味の一品から、
日本人にも馴染みやすいやさしい味わいまで。
幅広いテイストと色鮮やかなレシピをご紹介します。

- ◆ ベトナム
- ❋ タイ
- ❀ 韓国
- ❋ 中国
- ✪ トルコ
- ❋ オーストラリア

〈 ベトナム_Viet Nam 〉

ホット生春巻き

もっちりとした生地に野菜がぎっしり。
具材があたたかいうちにピリ辛ソースをつければ、
風味がぐっと際立ちます。

材料（2人分）

大根 … 少々
にんじん … 1/4本
パプリカ（赤）… 1/4個
レタス … 5枚
大葉 … 2枚
卵 … 1個
ライスペーパー … 2枚
A 甜麺醤（テンメンジャン）… 50g
　ココナッツミルク … 10g
　水 … 40mℓ

赤唐辛子 … 1/2本
ピーナッツ … 3粒
塩 … 適量
砂糖 … 小さじ1
コンソメ（顆粒）… 小さじ1
サラダ油 … 適量

作り方

1. 大根、にんじん、パプリカは細切りにする。レタスと大葉はよく洗う。卵はよくかき混ぜて薄焼きにし、2枚に切る。
2. Aを小鍋に入れ、よく混ぜながらひと煮立ちさせる。粗みじん切りにした赤唐辛子とピーナッツを加える。
3. 油を熱したフライパンに大根、にんじん、パプリカを入れ、塩、砂糖、コンソメでしんなりするまで炒める。
4. ライスペーパーをさっと水にくぐらせ、まな板か固く絞ったふきんの上に広げる。
5. *4*の真ん中にレタス2枚、薄焼き卵1枚、大葉1枚、*3*の半量を順番にのせる。左右を内側に折り込み、手前からきつめに巻く。同様にもう1本作る。
6. *5*を斜め半分に切り、残りのレタス1枚を敷いた皿に盛る。*2*をつけていただく。

Asia&Oceania

〈 ベトナム_Viet Nam 〉
五目野菜の
ホットソースがけ

アツアツの甘酸っぱいソースをからめれば
野菜のうまみが倍増。市販のカット野菜が使える、
お手軽メニューです。

材料（2人分）

カット野菜ミックス（レタス、
クレソン、ベビーリーフなど）
　… 150g
紫玉ねぎ … 1/8個
パプリカ（赤、黄）… 少々
きゅうり … 1/5本
にんにく … 1/2片
薄切り牛肉 … 100g
ミニトマト … 2個
サラダ油 … 適量
A　ニョクマム … 小さじ1
　（塩少々でも代用可能）
　砂糖 … 小さじ1
　こしょう … 適量

ソース
　小麦粉 … 小さじ3と1/3
　サラダ油 … 小さじ2と1/2
　水 … 200ml
　レモン汁 … 20ml
　砂糖 … 小さじ1
　塩 … 小さじ2/3
　コンソメ（顆粒）… 小さじ1
　一味唐辛子 … 3g

作り方

1. 紫玉ねぎ、パプリカ、きゅうりは薄切りに、にんにくはみじん切りにする。
2. 小鍋にソースの材料を入れ、よく混ぜながらとろみがつくまで煮立てる。
3. 油を熱したフライパンに、にんにくを入れて弱火で炒める。香りが立ったら中火にし、牛肉とAを加えて炒める。
4. カット野菜ミックス、紫玉ねぎ、パプリカ、きゅうり、縦に2等分したミニトマトを器に盛る。
5. 4と3の牛肉をあえ、2のソースをかける。

Asia&Oceania

 〈 ベトナム_Viet Nam 〉

なすのサラダ

滋味あふれるなすを存分に楽しみたい時におすすめ。
ニョクマムの芳醇な香りが食欲をそそります。

材料（2人分）

- なす … 3本
- 薄切り牛肉 … 100g
- にんじん … 1/3本
- 玉ねぎ … 1/2個（75g）
- 赤唐辛子 … 1/3本
- 万能ねぎ … 3本
- にんにく … 1/2片
- A　ニョクマム … 小さじ1
  　（塩少々でも代用可能）
  　砂糖 … 小さじ1
  　こしょう … 適量
- 大葉 … 3枚
- ピーナッツ … 適量
- フライドオニオン（市販品）… 適量
- 揚げ油 … 適量
- サラダ油 … 適量
- ベトナム風ドレッシング
  　ニョクマム … 50mℓ
  　レモン果汁（市販品）… 50mℓ
  　砂糖 … 90g
  　赤唐辛子 … 適量

作り方

1. なすはヘタを取って縦6等分に切り、揚げ油で素揚げにして油を切る。
2. にんじんはせん切りに、玉ねぎは薄切りにする。
3. 赤唐辛子は細切りに、万能ねぎは小口切りにする。
4. ボウルにベトナム風ドレッシングの材料を入れ、砂糖が溶けるまで混ぜ合わせ、3を加える。
5. 油を熱したフライパンに、みじん切りにしたにんにくを入れて弱火で炒める。香りが立ったら、ひと口大に切った牛肉、2を入れ、Aを加えてしんなりするまで炒める。
6. 1と5を4のボウルに入れてあえ、器に盛る。せん切りにした大葉、粗みじん切りにしたピーナッツ、フライドオニオンを上からふりかける。

Asia&Oceania

〈ベトナム_Viet Nam〉

たけのこと牛肉の
サラダ

たけのこの歯ごたえと牛肉のうまみがやみつきに。
コクたっぷり、スパイシーな味つけでいただく一皿です。

材料（2人分）

- たけのこ … ½個（200g）
- 薄切り牛肉 … 100g
- パプリカ（赤）… 少々
- 赤唐辛子 … ⅓本
- 万能ねぎ … 3本
- にんにく … ½片
- A ニョクマム … 小さじ1
  （塩少々でも代用可能）
  砂糖 … 小さじ1
  こしょう … 適量
- 大葉 … 3枚
- ピーナッツ … 適量
- フライドオニオン（市販品）… 適量
- サラダ油 … 適量
- ベトナム風ドレッシング
  ニョクマム … 50㎖
  レモン果汁（市販品）… 50㎖
  砂糖 … 90g
  赤唐辛子 … 適量

作り方

1. たけのこ、パプリカはせん切りにする。
2. 赤唐辛子は細切りに、万能ねぎは小口切りにする。
3. ボウルにベトナム風ドレッシングの材料を入れ、砂糖が溶けるまで混ぜ合わせ、2を加える。
4. 熱したフライパンに油とみじん切りにしたにんにくを入れて弱火で炒め、香りが立ったら中火にして、1のたけのこを入れる。
5. たけのこがしんなりしたら、1のパプリカ、ひと口大に切った牛肉、Aを加え、牛肉に火が通るまで炒める。
6. 3のボウルに5を入れてあえ、器に盛る。せん切りにした大葉、粗みじん切りにしたピーナッツ、フライドオニオンをふりかける。

Asia&Oceania

〈 ベトナム_Viet Nam 〉

蒸し野菜のニョクマム卵ソース

辛くて酸っぱいソースをマイルドにする半熟卵が
ポイント。野菜の自然な甘みとも相性抜群です。

材料（2人分）
にんじん … ½本
カリフラワー … ⅓株
ブロッコリー … ⅓株
いんげん … 100g
卵ソース
　卵 … 1個
　A　ニョクマム … 大さじ2
　　　水 … 少々
　　　砂糖 … 少々
　　　酢 … 少々

作り方
1. にんじん、カリフラワー、ブロッコリー、いんげんはやや大きめのひと口大に切る。中火にかけた蒸し器に入れて、約10分蒸す。
2. 卵は半熟状にゆでて軽く潰しておく。
3. 卵ソースを作る。小鍋にAを入れて温め、2を加える。
4. 蒸した野菜を器に盛り、3を添える。

〈 タイ_Thailand 〉

ラープガイ

タイ東北部のイサーン地方では欠かせない炒り米の粉、「カーオクア」がアクセント。清涼感のある口当たりです。

材料（2～3人分）

- 鶏ひき肉 … 100g
- 紫玉ねぎ … 1/4個
- パプリカ（赤） … 少々
- こぶみかんの葉、青ねぎ … 少々
- パクチーの根 … 各小さじ1
- サラダ油 … 適量
- A ナンプラー、レモン（果汁） … 各20㎖
  - カーオクア … 小さじ2
  - うま味調味料、一味唐辛子 … 各小さじ1/2
- キャベツ … 1/8個
- きゅうり … 少々
- にんじん … 適量
- ミントの葉 … 3枚

作り方

1. 紫玉ねぎ、パプリカ、こぶみかんの葉は細切りにする。
2. ボウルにAを入れ、混ぜ合わせる。
3. 油を熱したフライパンに鶏肉を入れ、火が通るまで炒める。粗熱を取り、2に入れる。
4. 3に1とざく切りにした青ねぎ、みじん切りにしたパクチーの根を加えてあえる。
5. 4を器に盛り、くし状に切ったキャベツ、斜め切りにしたきゅうり、飾り切りにしたにんじんを添え、ミントの葉を散らす。

〈 タイ_Thailand 〉

ヤムタレー

タイ語で「ヤム」は"混ぜる"、「タレー」は"海"という意味。
魚介類のコクと野菜のさっぱりした口当たりに、
ソースの辛みがアクセントを添えます。

材料（2人分）

イカ … 30g
むきエビ … 2尾
ムール貝 … 2個
ほたて … 2個
青ねぎ … 8本
紫玉ねぎ … 1/6個
にんじん … 1/5本
セロリ … 1/2本
パプリカ（赤）… 1/4個
ミニトマト … 2個
パクチーの葉 … 少々

ソース
　パクチーの根 … 小さじ 1/2
　青唐辛子 … 小さじ 1/4
A　ナンプラー
　　… 20ml
　ガムシロップ
　　… 20ml
　レモン果汁（市販品）
　　… 15ml
　チリソース（市販品）
　　… 小さじ 1
　うま味調味料
　　… 小さじ 1/2

レタス … 適宜
にんじん … 適宜

作り方

1. 青ねぎは4cm長さに切る。紫玉ねぎ、にんじんは細切りにする。セロリ、パプリカは薄切りにする。
2. ソースを作る。パクチーの根、青唐辛子はみじん切りにする。ボウルに入れ、Aと混ぜ合わせる。
3. 鍋に湯を沸かし、イカ、むきエビ、ムール貝、ほたてを火が通るまでゆでる。
4. 3の粗熱が取れたら2のボウルに移し、1と半分に切ったミニトマトを入れ、あえる。
5. 4を器に盛り、レタスと飾り切りにしたにんじんを添えて、パクチーの葉を散らす。

Asia&Oceania

〈 タイ_Thailand 〉

ヤムマクア

甘酸っぱいソースとなすが好相性。
年間を通して暑い日が続くタイの気候に合った、
さっぱりとした味わいで箸が進む一品です。

材料（2人分）

なす … 2個
豚ひき肉 … 25g
イカ … 30g
むきエビ … 6尾
紫玉ねぎ … ⅛個
セロリ … ⅕本
パプリカ（赤）… ⅛個
にんじん … ⅙本
青ねぎ … ½本
ゆで卵 … 1個
パクチーの葉 … 少々
桜エビ … 少々
揚げ湯 … 適量

ソース
にんにく … 小さじ½
パクチーの根 … 小さじ½
A　ナンプラー
　　… 20mℓ
　　ガムシロップ
　　… 20mℓ
　　レモン果汁（市販品）
　　… 15mℓ
　　うま味調味料
　　… 小さじ½

レタス…適宜
にんじん…適宜

Asia&Oceania

作り方

1. 鍋に湯を沸かし、豚肉、イカ、むきエビを火が通るまでゆでる。
2. 紫玉ねぎ、セロリ、パプリカは薄切りにする。にんじんは細切りにする。
3. なすはヘタを取って縦6等分に切る。180℃の揚げ油で素揚げする。
4. ソースを作る。みじん切りにしたにんにく、細切りにしたパクチーの根とAをボウルに入れ、混ぜ合わせる。
5. 3に1と2、小口切りにした青ねぎを入れてあえる。
6. 器に盛った5に4をかけ、飾り用のレタスとにんじんを添えて、5mm厚さに切ったゆで卵を並べる。パクチーの葉と桜エビを散らす。

〈 タイ_Thailand 〉

ヤムウンセン

レモンの香りが素材を引き立てる、
食欲をそそる爽やかな春雨サラダ。
口に広がる甘さと後味の辛さのバランスがタイ式です。

材料（2人分）

春雨 … 100g
豚ひき肉 … 50g
イカ … 30g
むきエビ … 2尾
セロリ … 1/4本
にんじん … 1/5本
パプリカ（赤）… 1/4個
乾燥きくらげ … 5枚
長ねぎ … 少々
パクチーの葉 … 少々
桜エビ … 3g
パクチーの根 … 小さじ1/2
青唐辛子 … 小さじ1/2

にんにく … 小さじ1/2
A　ナンプラー
　　… 20㎖
　　ガムシロップ
　　… 20㎖
　　レモン果汁（市販品）
　　… 15㎖
　　うま味調味料
　　… 小さじ1/2
レタス … 適宜
にんじん … 適宜

作り方

1. セロリは薄切りにする。にんじん、パプリカは細切りにする。パクチーの葉は少量を飾り用に残し、ざく切りにする。きくらげは水に約6時間つけて戻す。
2. パクチーの根、青唐辛子、にんにくはみじん切りにする。
3. 鍋に湯を沸かし、春雨、豚肉、イカ、むきエビを火が通るまでゆでる。
4. ボウルに *2* とAを入れて混ぜ合わせ、*3* を入れる。
5. *4* に *1*、石づきを取り細切りにしたきくらげ、小口切りにした長ねぎを入れ、あえる。
6. 器に盛り、レタスと飾り切りにしたにんじんを添えて、パクチーの葉と桜エビを散らす。

Asia&Oceania

 〈 韓国_Korea 〉

ズッキーニのヤンニョム添え

野菜をたっぷりいただく韓国料理ではタレが決め手。
「ヤンニョム」とは韓国料理に欠かせない合わせ調味料のこと。

材料（2人分）

ズッキーニ … 1本
ごま油 … 適量
ヤンニョム
    しょうが … 適量
    にんにく … 1片
    しょうゆ … 大さじ2
    赤唐辛子 … 小さじ1
    みりん … 大さじ1
    いりごま … 少々
    ごま油 … 小さじ1
    糸唐辛子 … 適量

作り方

1. ズッキーニは5㎜厚さの薄切りにし、ごま油を熱したフライパンに入れ、火が通るまで炒める。
2. ヤンニョムを作る。しょうが、にんにくは小口切りにし、すべてのヤンニョムの材料をボウルに入れて混ぜ合わせる。
3. 1を器に盛り、2を添える。

〈 韓国_Korea 〉

 アンチョビとチンゲン菜のピリ辛サラダ

韓国料理に欠かせない伝統的な調味料コチュジャンに
アンチョビを加えて現代風にアレンジ。

材料（2人分）

チンゲン菜 … 3株
塩 … 少々
万能ねぎ … 少々
A　アンチョビソース（市販品）
　　　… 大さじ1
　　コチュジャン … 大さじ1
　　みりん … 大さじ1
　　砂糖 … 小さじ1
　　ごま油 … 小さじ2
いりごま … 小さじ1

作り方

1. チンゲン菜は4等分に切り、塩を加えた湯でさっとゆでる。
2. 万能ねぎは小口切りにする。
3. ボウルに2とAを入れて、混ぜ合わせ、最後にいりごまをふる。
4. 1を器に盛り、3をかける。

 〈 韓国_Korea 〉

かぼちゃ蒸し

かぼちゃを容器として使うユニークな一品。
コチュジャンが具材の味をまとめあげて、
深い味を醸し出します。

材料（かぼちゃ1個分）

- かぼちゃ（中）… 1個
- 鶏もも肉 … 1枚（300g）
- ピーマン（緑、赤）… 各½個
- 青唐辛子 … 1本
- ぎんなん（ゆでたもの）… 8個
- ごま油 … 小さじ2
- タレ
  - ねぎ … 大さじ2
  - A 玉ねぎ（すりおろし）… 大さじ2
  - しょうが（すりおろし）… 大さじ1
  - にんにく（すりおろし）… 小さじ1
  - 焼肉のタレ（市販品）… 大さじ3
  - しょうゆ … 大さじ2
  - みりん … 大さじ1
  - コチュジャン … 大さじ1
  - 砂糖 … 小さじ1
  - すりゴマ … 小さじ2
  - 赤唐辛子 … 小さじ1と½
  - 梨ジュース … 大さじ1
  - 鶏ガラだし（顆粒）… 大さじ2

作り方

1. かぼちゃは電子レンジ（600W）で約6分加熱する。フタにする部分を切り、中身の種は取り除いておく。
2. 鶏肉はひと口大に切る。ピーマンはくし切りにする。
3. タレを作る。みじん切りにしたねぎとAをボウルに入れて混ぜ合わせる。
4. *3*の大さじ1、梨ジュース、だしを混ぜる。*3*の残りは鶏肉とあえる。
5. ごま油をフライパンで熱し、細切りにした青唐辛子、*4*の鶏肉の順に加えて中火で炒める。
6. 火が通るまで炒めたら、ピーマンを加えて、軽く炒める。
7. *6*と*4*のタレを*1*のかぼちゃに入れてフタをする。
8. ラップをかけ、電子レンジ（600W）で約10分加熱する。器に盛り、ぎんなんをのせる。
9. キッチンバサミなどで切り分けていただく。

Asia&Oceania

〈 韓国_Korea 〉

チャプチェ（雑菜）

チャプチェは春雨を炒めた韓国家庭のおもてなし料理。
さつまいもから作られる韓国春雨の
もちもちとした歯ごたえがポイントです。

材料（2人分）

- 韓国春雨 … 75g
- 牛ロース肉 … 75g
- にんじん … 1/6本
- たけのこ … 1/4本
- ピーマン（緑、赤）… 各1/2個
- ほうれん草 … 1/6束
- 絹さや … 5枚
- 乾燥きくらげ … 25g
- 干ししいたけ … 2〜3枚
- 卵 … 1個
- いりごま … 小さじ1/2
- 焼肉のタレ（市販品）… 大さじ2と1/2
- ごま油 … 計大さじ4（大さじ1/2×8）
- 塩、こしょう … 各少々
- A しょうゆ … 小さじ1
   砂糖 … 大さじ1/4
   おろしにんにく … 少々
- B ごま油、おろしにんにく … 各少々
- C しょうゆ … 大さじ1
   砂糖 … 大さじ1/4

作り方

※ごま油はそれぞれ大さじ1/2ずつ使う。

1. 春雨は指定の時間（パッケージに記載）ゆでて水気をよく切る。20cm長さに切って、ごま油をまぶす。
2. 牛肉は細切りにし、焼肉のタレをもみこんでおく。
3. にんじん、たけのこ、ピーマン、ほうれん草、絹さやは細切りにし、それぞれ別にごま油を熱したフライパンで火が通るまで炒める。塩、こしょうをし、大きめのボウルに移す。
4. きくらげは石づきを取り、食べやすい大きさにちぎる。干ししいたけはぬるま湯で戻してから水気を切り、細切りにする。それぞれごま油を熱したフライパンで火が通るまで炒め、Aで味をつけ3に加える。
5. 牛肉はBを熱したフライパンで火が通るまで炒める。肉汁を残したまま、肉だけ器に移す。同じフライパンで春雨を炒め、Cと塩、こしょうで味つけし、いりごまをまぶす。
6. 錦糸卵を作る。卵白と卵黄を別々に焼き、薄切りにする。
7. 4のボウルに5を加えてよく混ぜ合わせ、器に盛り、6を添える。

〈 韓国_Korea 〉

しょうが汁かけ五色ナムル

彩り豊かな野菜がたっぷりの一品。
5種類のナムルを一気に混ぜ合わせていただくのがおすすめ。

材料（2人分）

もやしナムル
　　大豆もやし … 150g
　A　おろししょうが … 小さじ½
　　　おろしにんにく … 小さじ½
　　　ごま油 … 大さじ½

ほうれん草ナムル
　　ほうれん草 … ½束
　B　いりごま … 大さじ½
　　　ごま油 … 大さじ½
　　　しょうゆ、塩、こしょう
　　　　… 各少々

ぜんまいナムル
　　乾燥ぜんまい … 100g
　C　いりごま … 大さじ½
　　　ごま油 … 大さじ1
　　　おろしにんにく … 少々

　　しょうゆ … 大さじ½
　　砂糖 … 小さじ1
　　塩 … 小さじ½

にんじんナムル
　　にんじん … ¼本
　　ごま油 … 小さじ1
　　いりごま … 少々

しいたけナムル
　　干ししいたけ … 150g
　　しょうが（絞った汁） … 1片分
　　唐辛子 … 少々
　　塩、こしょう … 各少々
　D　おろしにんにく … 少々
　　　しょうゆ、砂糖、塩、
　　　こしょう … 各少々

作り方

1. もやしはヒゲ根を取る。鍋に塩（分量外）を加えた湯とともに入れ、フタをしてゆでる。もやしの香りが出てきたら火を弱め、さらに約5分ゆでて、ざるに上げる。

2. ほうれん草は塩（分量外）を加えた湯で固めにゆで、水気を絞る。根を取ってざく切りにし、ボウルでBと混ぜる。

3. ぜんまいは熱湯に浸け、約2時間後、約5時間後、約6時間後の3回湯を換えながらひと晩おく。戻したぜんまいは端の黒く硬い部分を取り除き、8cm長さに切る。ボウルにCと*1*をあえ、ごま油大さじ1を熱した鍋で炒める。少量の水を加えてさらに炒め煮し、火が通ったらいりごま大さじ½をまぶす。

4. にんじんはせん切りにし、ごま油小さじ1を熱したフライパンで炒める。ボウルで塩、こしょうと混ぜ合わせ、いりごま少々をふる。

5. 干ししいたけはぬるま湯で戻して細切りにし、ごま油大さじ1を熱したフライパンでDを加えて炒める。

6. すべてのナムルを器に盛り、糸唐辛子を飾る。全体にしょうが汁をかけていただく。

〈 中国_China 〉

野菜のせいろ蒸し

ほっくりと蒸し上がった新鮮野菜を引き立てる、
魚介の旨みを凝縮したXO醤が贅沢な味わい。
奥深い辛味が食欲をそそります。

材料（2人分）

ペコロス … 1個
じゃがいも … ½個
ゴーヤ … 少々
冬瓜 … 少々
とうもろこし … ⅛本
トマト … ⅓個
レタス … 1枚
（ほかの葉物野菜でも代用可能）

オクラ … 2本
ラディッシュ … 1個
ヤングコーン … 1本
ミニ大根（赤） … 1本
XO醤（市販品） … 適量

作り方

1. ペコロス、皮をむいたじゃがいもは2等分に切る。ゴーヤは薄切りにする。冬瓜、とうもろこしは1cm厚さに切る。
2. トマトはくし切りにする。
3. せいろにレタスを敷き、1、2、オクラ、ラディッシュ、皮を半分むいたヤングコーン、ミニ大根を入れる。中火にかけたせいろで約10分蒸す。2は蒸し上がる直前に入れる。
4. 3をせいろごと器にのせ、XO醤をつけていただく。

memo

中華料理には欠かせない調味料「XO醤」は1980年代に香港の高級ホテルのシェフが開発したといわれています。名前の「XO」は、ブランデーの等級で最高級を意味する「eXtra Old」に由来。メインの食材は干したエビやホタテなどの貝柱、赤唐辛子などで、おいしさが凝縮されています。

〈 中国_China 〉
なすの素揚げ 薬味ソース

丸ごと使ったなすを豪快にいただけるレシピ。
香ばしい薬味入りのソースは、肉や魚の料理にもよく合います。

材料（2人分）
- なす … 5本
- 揚げ油 … 適量
- しょうが … 1片
- パセリ … 少々
- A
  - しょうゆ … 160㎖
  - 砂糖 … 160g
  - 酢 … 160㎖
  - 長ねぎ … 30g
  - ごま油 … 15㎖
  - オイスターソース … 10㎖

作り方
1. しょうが、パセリ、長ねぎはみじん切りにする。
2. 1とAをボウルに入れ、混ぜ合わせ、薬味ソースを作る。
3. なすはよく洗ってヘタを切り落とし、1㎝の網目状に切り込みを入れる。裏返し、反対側も同様に切り込みを入れる。
4. 3を鍋に熱した180℃の揚げ油でしんなりするまで揚げる。
5. 4を器に盛り、2をかける。

〈 中国_China 〉

蒸し鶏ときのこのホットサラダ

きのこと蒸し鶏の濃厚なうまみを、ごま油が引き立てます。
ケールの歯ごたえが加わると、さらに深い味わいに。

材料（2人分）

- 鶏肉（蒸したもの） … 30g
- まいたけ、しめじ … 各40g
- えのき、きくらげ … 各10g
- エリンギ … 30g
- しいたけ、マッシュルーム … 各20g
- ぎんなん…20g
- ケールの葉 … 4〜5枚
- A 酒、塩 … 各10g
-   オイスターソース … 5g
-   こしょう … 少々
- サラダ油 … 適量
- ごま油 … 小さじ1
- 揚げ油 … 適量

作り方

1. まいたけ、しめじ、えのき、きくらげは石づきを取り、ひと口大に切る。エリンギ、しいたけはざく切りにする。マッシュルームは石づきを取り、かさの上部分に5mm幅の切り込みを数本入れる。
2. 油を熱したフライパンで鶏肉と*1*、皮をむいたぎんなんを強火で炒める。Aを加えて具材にからめ、ごま油をふりかける。
3. ケールの葉を揚げ油で素揚げにする。
4. *2*を器に盛り、*3*を添える。

 〈 中国_China 〉

ホットピータン豆腐サラダ

ひと口食べれば豆腐がふんわりとろける極上の味わい。
辛味が効いた山椒の香りを逃がさないように、
あたたかいうちに召し上がれ。

材料（2人分）

ピータン … ½個
絹豆腐 … 300g
パプリカ（赤）… ½個
オクラ … 1本
ヤングコーン … 1本
長ねぎ（白い部分）… 適量
ゴーヤ … 適量
アスパラガス … ½本
ラディッシュ … 適量
A 卵白 … 小さじ2
　片栗粉 … 小さじ3と⅓
　塩 … 小さじ⅓

ソース
長ねぎ（青い部分）… 適量
しょうが … ½片
B しょうゆ … 150㎖
　山椒粉 … 小さじ1
　ごま油 … 小さじ1
　酢 … 小さじ⅓

作り方

1. ピータンは縦8等分のくし切りにする。
2. 豆腐は裏ごししてボウルに入れ、Aと混ぜ合わせる。
3. ソースを作る。長ねぎの青い部分、しょうがはみじん切りにする。ボウルに入れ、Bと混ぜ合わせる。
4. 直径12㎝の丸いセルクル型に1、細切りにしたパプリカ、輪切りにしたオクラとヤングコーンを並べる。
5. 4に2を流し込み、弱火にかけたせいろで約10分蒸す。
6. 長ねぎの白い部分は白髪ねぎにする。ゴーヤとアスパラはよく洗ってゆでる。ゴーヤは5枚の、ラディッシュは3枚の薄切りにし、アスパラは斜めに切り込みを入れる。
7. 5を型から抜いて器に盛り、6を飾る。3のソースをかける。

Asia&Oceania

〈 トルコ_Turkey 〉

イマムバユルドゥ

トルコ語で"僧侶の気絶"を意味する料理。由来は気絶するほどおいしかったから、高価だったオリーブオイルの量に驚いて気絶したから、など諸説あります。

shop number
ν

材料(2人分)

なす … 6本
玉ねぎ … 1個
にんにく … 1片
トマト … 2個
塩 … 小さじ1
砂糖 … 小さじ1
酒 … 200㎖
オリーブオイル … 100㎖

作り方

1. なすはヘタを残し、がくだけを切り落とす。1cm幅の縞模様になるよう縦方向に皮をむく。3%の塩水に約5分漬ける。
2. オリーブオイルを熱したフライパンに、水を切った*1*を入れ、焼き色がつくまで炒める。火が通ったら、なすは取り出しておく。
3. *2*のフライパンにみじん切りにした玉ねぎ、にんにくを入れ、炒める。しんなりしたら、さいの目切りにしたトマトを加え、塩、砂糖で味を調える。
4. *2*に1cm幅の切り込みを斜めに入れ、*3*を詰めてフライパンに戻して酒を加える。約5分煮込む。
5. *4*を器に盛る。

Asia&Oceania

memo

"僧侶の気絶"というユニークな名前を持つこのレシピ。トルコ料理には、ほかにも料理名とは思えないようなインパクトのあるネーミングがいくつもあります。同じくなすを使った「スルタン(=皇帝)のお気に入り」や、やわらかい食感が由来の「貴婦人の太もも」など、想像力をかきたてられる料理が目白押しです。

〈 トルコ_Turkey 〉

ブルグルのサラダ

米粒よりも小さい挽き割り小麦のブルグル。
噛みごたえのあるプチプチとした食感と
しっかりとした小麦の香りが楽しめます。

材料（2人分）

ブルグル … 200g
玉ねぎ（中） … 1/2個
トマト（中） … 1個
きゅうり … 1/2本
レタス … 2枚
レモン … 1/2個分
サルチャ … 大さじ3
（トルコのトマトペースト。なければ市販のトマトペーストで代用可能）
オリーブオイル … 大さじ1
塩、こしょう … 各適量
イタリアンパセリ … 3本

作り方

1. 玉ねぎ、トマト、きゅうりは1cm大の角切りにする。レタスは1cm四方に切り、イタリアンパセリは飾り用に葉を残し、1cm長さに切る。
2. レモンは2枚の輪切りにする。残りは取っておく。
3. ブルグルは分量の2倍の水で、指定の時間（パッケージに記載）ゆでる。
4. 3の水を切ってボウルに移し、サルチャ、2の残りのレモンを絞った汁、塩、こしょう、オリーブオイルを加えてよく混ぜる。
5. 4の粗熱が取れたら、1を加えて混ぜ合わせる。
6. 5を茶碗などに入れ、器の上で逆さにして抜く。1で残したイタリアンパセリ、2のレモンの輪切りを飾る。

〈 トルコ_Turkey 〉

パトゥルジャン・サラタス

「パトゥルジャン」とはトルコ語で"なす"のこと。
現地では塩を多めにして、ナンにつけて食べるのが主流です。

材料（2人分）

なす … 3本
にんにく … 1片
ヨーグルト … 大さじ2
ブラックオリーブ … 2個
塩 … 小さじ½
レモン … 適量
オリーブオイル … 適量

作り方

1. なすはオーブントースター（500W）でしんなりするまで様子をみながら約10分焼く。
2. 1の粗熱が取れたら皮をむき、包丁でたたいてペースト状にする。
3. 2をボウルに移して、すりおろしたにんにく、ヨーグルトを加えて混ぜ合わせる。
4. 塩、絞ったレモンの汁で味を調える。器に盛り、2等分にしたオリーブをのせる。
5. お好みでオリーブオイルを加える。

〈 トルコ_Turkey 〉

ひよこ豆のサラダ

ホクホクのひよこ豆やトマトの旨みを、
ディルの爽やかな香りが引き立ててくれます。

材料（2人分）
ひよこ豆 … 100g
トマト … 1/2個
パセリ … 4本
ディル … 4本
小ねぎ … 1本
A　塩 … 適量
　　レモン（絞った汁）… 大さじ 1/2
　　オリーブオイル … 大さじ 2
レモンの輪切り … 1枚

作り方
1. ひよこ豆は軽く洗って、ひたひたの水にひと晩漬け、ざるに上げる。
2. 鍋に*1*とたっぷりの水を入れ、やわらかくなるまで約1時間ゆでる。火を止めて粗熱が取れるまで冷ます。
3. トマトはさいの目切りに、パセリとディルはみじん切りにしてボウルに入れる。
4. *3*に小口切りにした小ねぎ、A、水を切った*2*を加えてあえ、レモンの輪切りを添え、器に盛る。

〈 トルコ_Turkey 〉

シガラ・ボレイ

"タバコ"を意味する「シガラ」の名の通り、
くるりと巻いた形が特徴。濃厚なチーズが香る、
軽食にぴったりの一品です。

材料（2人分）

フェタチーズ … 30g
マッシュポテト（市販品）… 30g
パセリ … 4房
くるみ … 大さじ1
春巻きの皮（あればユフカ※を使用）
　… 7枚

揚げ油 … 適量
こしょう … 適量
イタリアンパセリ … 適宜

作り方

1. チーズはフォークで粗く潰す。
2. ボウルに**1**とマッシュポテト、みじん切りにしたパセリ、くるみ、こしょうを入れて、よく混ぜ合わせる。
3. 春巻きの皮に**2**を細長く丸めてのせ、手前からきつめに巻く。
4. 180℃の油できつね色になるまで揚げる。
5. 器に盛り、イタリアンパセリをのせる。

※ごく薄いシート状のトルコのパン。

Asia&Oceania

memo

フェタチーズとは、羊や山羊の乳から作られるフレッシュタイプのチーズのこと。トルコの食卓をはじめ、地中海沿岸の国々では定番の食材です。やや塩気と酸味が強く、水分が少ない、特徴的な味わいと食感です。トルコ料理の前菜「メゼ」ととしても、食されています。

〈 オーストラリア_Australia 〉

きのことじゃがいもの
フリット

濃厚な味わいのアンチョビバターソースでいただく、ホクホクのフリット。じゃがいもの甘さが際立つ、クセになる一品です。

材料（2人分）

じゃがいも … 200g
しめじ … 20g
まいたけ … 20g
エリンギ … 20g
塩、こしょう … 各適量
揚げ油 … 適量

アンチョビバターソース
　アンチョビピューレ
　　（市販品）… 10g
　バター … 20g
パセリ … 適量

作り方

1. アンチョビバターソースを作る。バターはボウルに入れて室温でやわらかくし、クリーム状にする。アンチョビピューレを加えてよく混ぜる。
2. じゃがいもは皮をむいて洗い、5cm厚さのくし切りにする。
3. しめじ、まいたけ、エリンギは、ひと口大に切る。
4. 170℃の揚げ油で、2と3を揚げる。
5. 4を1のソースと混ぜ合わせてよくからめ、塩、こしょうで味を調える。
6. 5を器に盛り、みじん切りにしたパセリを散らす。

Asia&Oceania

〈 オーストラリア_Australia 〉

ジャンボマッシュルームと秋なすのオーブン焼き

噛めば噛むほどに、じゅわっとジューシーな逸品。
ぎゅっと旨みが詰まった秋なすとの相性が抜群です。

材料（2人分）

ジャンボマッシュルーム … 3個
なす … ½本
玉ねぎ … 20g
にんにく … 2g
ベーコン … 20g
パルミジャーノチーズ（粉）
　… 5g

ピザ用チーズ … 10g
塩、こしょう … 各適量
オリーブオイル … 大さじ1と⅔
パセリ … 少々

作り方

1. 玉ねぎとにんにくはみじん切りにする。
2. マッシュルーム1個となす、ベーコンを2㎝角に切る。
3. フライパンにオリーブオイルとにんにくを入れて弱火にかける。香りが立ったら、玉ねぎを加えて中火で炒める。
4. *3*がしんなりしたら、*2*を加えて炒め、火を通す。
5. 残りのマッシュルーム2個は軸を取り、両面に塩、こしょうをふる。かさにオリーブオイル（分量外）を少量かける。
6. *5*の内側に*4*を詰めて、パルミジャーノチーズ、ピザ用チーズを振りかける。同様にもう1つ作る。
7. *6*を200℃に予熱したオーブンで約5分焼く。器に盛り、みじん切りにしたパセリを散らし、こしょうをふる。

Asia&Oceania

〈 オーストラリア_Australia 〉

温野菜の
マカダミアナッツソースあえ

素材の味わいを引き立てるソースはまろやかでクリーミー。
どんな野菜にも合うので、旬の食材を盛り込みましょう。

shop number
0

材料（2人分）

ブロッコリー … 1/5株
パプリカ（赤、黄）… 各1/8個
さつまいも … 1/4本
スナップエンドウ … 3本
ズッキーニ … 1/4本
なす … 1/4本

マカダミアナッツソース
マカダミアナッツ … 38粒
A｜水 … 75㎖
　｜塩 … 小さじ1/2
　｜オリーブオイル … 大さじ2

作り方

1. マカダミアナッツは160℃に予熱したオーブンで約10分ローストする。
2. ミキサーに1とAを入れてピューレ状になるまで撹拌してマカダミアナッツソースを作る。
3. ブロッコリーはひと口大に切り、パプリカ、さつまいもは5mm厚さに切る。スナップエンドウはすじを取る。
4. ズッキーニとなすは輪切りにする。
5. 鍋に湯を沸かし、3をゆでる。ゆで上がる約1分前に、4を加えて火を通す。
6. 5をボウルに移す。2のソースを好みの量であえて、器に盛る。

Asia&Oceania

〈 オーストラリア_Australia 〉

たっぷり野菜と
白身魚のカルトッチョ

カルトッチョはイタリア語の"紙包み焼き"から。
旨みも風味も逃がさない、おいしさが
ぎっしり詰まった一皿です。

材料（2人分）

白身魚（切り身）… 1切れ
トマト … ½個
パプリカ（赤、黄）… 各20g
ズッキーニ … 1/10本
しめじ … 10g
まいたけ … 10g
エリンギ … 10g
あさり … 50g
ゴーヤ … 少々

ブロッコリー … ¼株
ヤングコーン … 2本
ケッパー … 小さじ1
にんにく … ½片
白ワイン … 大さじ1と¼
塩、こしょう … 各適量
しょうゆ … 小さじ½
オリーブオイル … 大さじ2と½
タイム … 1枝

作り方

1. トマト、パプリカ、ズッキーニはひと口よりやや大きめのざく切りにする。
2. しめじ、まいたけ、エリンギは石づきを取り、*1* の大きさに合わせて切る。
3. 白身魚に塩、こしょうをふり、皮目を下にして50㎝四方のクッキングシートにのせる。
4. *3*に*1*、*2*とあさり、薄切りにしたゴーヤ、ひと口大に割いたブロッコリー、ヤングコーン、ケッパーをのせる。
5. *4*に薄切りにしたにんにく、白ワイン、しょうゆ、オリーブオイルをふりかける。
6. タイムをのせて口が開かないようにしっかり閉じる。200℃に予熱したオーブンで約20分焼く。
7. クッキングシートごと器に盛る。はさみでクッキングシートの口を開いて、いただく。

Asia&Oceania

アジア・オセアニア
食と野菜のエピソード

現在世界の半数以上の人口を占めているのが、アジア・オセアニアの人々。国ごとに多様な発展を遂げたこの地域からは、世界三大料理としても知られている「中国料理」「トルコ料理」が生まれています。

in Korea（韓国）

野菜をたっぷりと取り入れていることで知られる韓国料理。味や彩り、食材のバランスを大切にして、色彩豊かな野菜を用いる背景には、陰陽五行（万物は5つの性質から成り立つ、という思想）を重んじた文化があります。また、仏教の影響を受けて、菜食を中心とした精進料理も食べられています。日本では漢方薬として知られている高麗人参は、乾燥した状態のほか、現地では生で食べる機会も多く、「参鶏湯（サムゲタン）」など代表的な料理にも使われています。

in China（中国）

英語で「China」というと中国の国名以外にも"磁器"を指すことがあります。中国では、北宋の時代に磁器を焼く燃料を料理にも転用しました。そこで生まれたのが、大火力で炒める料理の技法。中華鍋に入れた具材を強火で炒めるイメージは、現代の中国料理にも通じています。

in Turkey（トルコ）

シルクロードの起点であったトルコは、周辺の地域に多くの影響を与えています。オスマン帝国時代に支配を広げていた地域のみならず、北アフリカやロシアに至るまで、食文化への影響を及ぼしていました。その反対に、西洋と東洋の中間地点である環境により、トルコもほかの地域からの影響を多く受けています。たとえば、主食には米も小麦も用いられており、ヨーロッパのパンとは異なる独自のスタイルのパンが生まれています。交易によってもたらされたトマトをはじめとする他地域が原産の野菜や、各種のスパイスが多くの料理に使われ、その多彩さが特徴。裾野の広いトルコ料理は、中国料理、フランス料理と並んで世界三大料理のひとつに数えられています。また、トルコは世界有数生産を誇るオリーブオイルの生産地。一説にはオリーブはトルコ一帯が原産地といわれています。

Part 3

北米

多民族の文化が重なり合い、発展を続けてきた北米。
広大な土地にふさわしいビッグサイズが好まれるこの地域では、
肉や魚介類と合わせた食べごたえのあるレシピが多い点が特徴です。

※　アメリカ
◆　カナダ

〈 アメリカ_America 〉

コブサラダ

考案者ロバート・H・コブ氏の名前がついた
アメリカ生まれのサラダ。誕生したエピソードには諸説あります。

材料（2〜3人分）

鶏むね肉 … 180g
ベーコン … 3枚
レタス … 1個
トマト … 1/3個
ゆで卵 … 1個
ピザ用チーズ … 適量
エンダイブ … 2枚
ハニーマスタードドレッシング
（市販品）… 100㎖
※本書ではトニーローマオリジナルの
製品を使用

作り方

※オーブンは180℃に余熱しておく。

1. オーブンで、鶏肉は約12分、ベーコンは約5分グリルする。それぞれ食べやすい大きさに切る。
2. レタスは食べやすい大きさにちぎって器に盛る。その上に1、さいの目切りにしたトマトとゆで卵、チーズを並べる。
3. 器の両端にエンダイブを添える。ドレッシングをかけ、混ぜ合わせていただく。

memo

1930年代にハリウッドのレストランで生まれたといわれるこのサラダ。「歯が悪いから食べやすいサラダを」というオーダーから誕生したという説や、急に訪れた常連客のために急いでありあわせの食材で作ったという説など、レシピ名にシェフの名前は残っていますが、きっかけには諸説あります。

North America

〈 アメリカ_America 〉
グリルチキン・ベジタブルサラダ

グリルチキンをサラダの主役にするなら、このレシピがおすすめ。
見栄えがよく豪華な一品で、パーティにもぴったりです。

材料（2～3人分）
- 鶏もも肉 … 80g
- いんげん … 10本
- にんじん … 1/4本
- ズッキーニ … 1/3本
- パプリカ（赤・黄）… 各1個
- レタス … 1個
- トマト … 1/2個
- エンダイブ … 少々
- チーズ … 60g
- トルティーヤ … 2枚
- 万能ねぎ … 少々
- ブルーチーズドレッシング（市販品）… 40㎖
  ※本書ではトニーローマオリジナルの製品を使用

作り方
※オーブンは180℃に余熱しておく。

1. 鶏肉はオーブンで約10分焼き、薄切りにする。
2. いんげん、にんじん、ズッキーニ、パプリカを5㎝長さに切り、湯でゆで、水気を切る。オーブンで約3分焼く。
3. 器にレタスを敷き、1、さいの目切りにしたトマト、ひと口大に切ったエンダイブを散らし、チーズをのせて焼いたトルティーヤをおく。2を盛りつけ、みじん切りにした万能ねぎを散らし、ドレッシングをかける。

〈 アメリカ_America 〉

カラマリサラダ

「カラマリ」とは"イカリングのフライ"のこと。
アメリカでお馴染みのおつまみです。

材料（2〜3人分）
- イカ（つぼ抜き）… 180g
- レタス … 1個
- トマト … 1/2個
- レモン … 1/4個
- カラマリミックス
  （スパイスミックスでも代用可能）
  　… 20g
  ※本書ではトニーローマ
  オリジナルの製品を使用
- 卵 … 1個
- 揚げ油… 適量

作り方
1. 輪切りにしたイカはカラマリミックスをまぶし、溶いた卵にくぐらせる。再度カラマリミックスをまぶし、きつね色になるまで180℃の揚げ油で揚げる。
2. レタスは食べやすい大きさに切り、トマトは1cmの角切りにする。
3. 2のレタス、トマト、1の順に器に盛る。くし切りにしたレモンを添え、絞る。

〈 カナダ_Canada 〉

春雨シーフードサラダ

世界でも有数のエビの漁獲量を誇るカナダ。
名産のメープルシロップをドレッシングの隠し味に。

材料（2〜3人分）

エビ … 12尾
春雨 … 60g
にんじん … 1/2本
きゅうり … 1本
乾燥わかめ … 5g
塩 … 少々

ドレッシング
A 酢 … 大さじ2
　しょうゆ … 大さじ2
　ごま油 … 小さじ1
　しょうが絞り汁 … 小さじ1
　レモン果汁 … 小さじ1
　メープルシロップ … 小さじ2

作り方

1. エビは背に包丁を入れて背ワタを取り、塩少々を加えた湯でゆでて皮をむく。春雨はゆでて6等分する。わかめは水につけて戻す。
2. にんじんときゅうりは、それぞれせん切りにする。
3. ボウルに**A**を混ぜ合わせ、ドレッシングを作る。
4. **1**、**2**を器に盛り、**3**を回しかける。

North America

memo

豊かな香りとやさしい甘みで、日本でもおなじみのメープルシロップには、実は多くの効能が。カルシウムを含み、抗酸化作用もあるポリフェノール、むくみの改善に効果のあるカリウムなどが含まれています。おいしいだけではなく、美容と健康にもうれしい食材です。

北米
食と野菜のエピソード

北米は移民によって、世界に類を見ないめまぐるしいスピードで進化を遂げた地域。多民族の融合によって生まれたミックスカルチャーは、日々新しい食文化を世界に送り出しています。

in America（アメリカ）

　北米伝統の味の多くは、遡れば移民のもたらした味。移民の流入とともにそれぞれの母国の料理のさまざまな味が寛容に受け入れられ、アメリカ流にアレンジされて、個性的なオリジナルのメニューに変化しています。たとえば、生地が薄いイタリアのピザは、もっちりした食感で具だくさんのシカゴピザへ。メキシコ料理だと思われがちなチリコンカンは、実はメキシコ料理ではありません。テックス・メックス料理と呼ばれる、テキサス州で生まれたメキシコ風のアメリカ料理です。日本人にお馴染みのジャンバラヤも、フランス移民が作ったアメリカの味です。日本の寿司も、形や食材を変えてカルフォルニアロールへと進化を遂げています。また、肉食中心というイメージの強いアメリカですが、野菜のみを摂取するというポリシーを持つベジタリアンの人々が多く存在します。健康への配慮や宗教的な習慣など、理由はさまざま。そのため、野菜のおいしさを追求したメニューを提供するレストランが増えつつあります。ベジタリアンではない人々からも、ヘルシーさとおいしさを追求した野菜料理は注目を集めています。

in Canada（カナダ）

　イギリス、フランスから多くの人々が入植したカナダ。食文化もその影響を強く受けています。「プーティン」というフライドポテトにグレイビーソースとチーズをかけたファストフードは、年代を問わずに人気があります。近年ではアジア系の住民が増えていることから、各国料理店や食材の専門店も多く存在しています。そうした中で、カナダ独自の食文化を代表する調味料がメープルシロップ。国旗に記されているカナダの代表的な木、カエデの樹液が原料です。カナダはメープルシロップの生産量だけではなく、その消費量も世界一。深みのある香りと甘みを生かし、お菓子作りにはもちろん、砂糖やはちみつの代わりの調味料として幅広く使われています。現地ではスクランブルエッグやベーコン、ソーセージといった肉料理などにも使う人がいるようです。

南米

Part 4

野菜をはじめとして、多くの食材の原産地である南米大陸。
豊富な食材を活かし、素材の味を大切にしたレシピは
シンプルなおいしさが引き立っています。

◆ ブラジル
※ ペルー
❀ メキシコ

〈 ブラジル_Brasil 〉

アボブリーニャのサラダ

アボブリーニャはズッキーニに似たブラジルの野菜。
ドレッシングはさっぱりとした風味に仕上げ、
シンプルなレシピで素材の味を楽しみましょう。

材料（2人分）

アボブリーニャ
　（ズッキーニでも代用可能）
　　… 1個
玉ねぎ … ½個

ドレッシング
A　ワインビネガー … 大さじ4
　　サラダ油 … 大さじ2と½
　　オリーブオイル
　　　… 大さじ1と⅓
　　塩 … 小さじ1弱
　　チキンコンソメ … 小さじ⅓
　　ブラックペッパー … 少々
　　コエントロ（コリアンダー）
　　　… 1パック

作り方

1. アボブリーニャは2mm厚さの薄切りにする。強火にかけたせいろで約10分蒸す。
2. 玉ねぎとコエントロはみじん切りにする。
3. ボウルに2とAを混ぜ合わせてドレッシングを作る。
4. 1と3を混ぜ合わせ、器に盛る。

South America

memo

アボブリーニャはハヤトウリやセンナリウリと呼ばれている野菜で、原産地はアメリカ大陸の赤道周辺地域。日本では主に鹿児島や沖縄など、温暖な地域で栽培されています。ズッキーニに似た味と食感で、生食では歯ごたえを、火を通せばしっとりした口当たりを楽しめます。

〈 ブラジル_Brasil 〉

アボブリーニャの
オーブン焼き

しっとりとした口当たりが特徴のブラジルの野菜、
アボブリーニャ。サクサクに焼いた香ばしいチーズと、
食感のコントラストが後を引きます。

材料（2〜3人分）

アボブリーニャ
　（ハヤトウリ。ズッキーニでも代用可能）
　… 2個
玉ねぎ … 1個
オリーブオイル … 適量
バター … 大さじ2
パルミジャーノチーズ（粉）
　… 大さじ2
パン粉 … 大さじ2

A　白ワイン … 50mℓ
　　塩 … 適量
　　こしょう … 少々
　　ガーリックパウダー … 少々
B　卵 … 2個
　　生クリーム … 200mℓ
　　塩、こしょう … 各少々
パセリ … 適宜

作り方

1. アボブリーニャは角切りに、玉ねぎはせん切りにする。
2. オリーブオイルとバターを熱したフライパンに *1* を入れ、炒める。しんなりしたら、Aを加える。
3. ボウルにBを混ぜ合わせる。
4. 耐熱容器に *2* を敷き、*3* を流し入れる。
5. *4* にパルミジャーノチーズ、パン粉をかけて180℃に予熱したオーブンで約15分焼く。パセリを飾る。

South America

〈 ブラジル_Brasil 〉

サピカォン

料理に甘みを足すときは、砂糖ではなく、素材で甘みをつけるのがブラジル流。たっぷり入った干しぶどうが、やさしい食感です。

材料（2人分）

- 鶏むね肉 … 200g
- 玉ねぎ … 1/2個
- セロリ … 1/2本
- パプリカ（赤、黄、オレンジ）… 各1/2個
- ピーマン … 1個
- レーズン … 60g
- 塩 … 少々
- マヨネーズ … 大さじ8
- A チキンコンソメ（顆粒）… 小さじ1/2
  - ホワイトペッパー … 少々
  - 塩 … 少々
  - レモン（絞り汁）… 大さじ1/3

作り方

1. 玉ねぎはせん切りに、セロリはひと口大に切って塩もみする。しんなりしたら、キッチンペーパーで水気を切る。パプリカ、ピーマンはせん切りにする。
2. 鶏肉は火が通るまで蒸し器にかけ、ひと口大に割く。
3. 1、2、合わせたAをボウルに入れ、混ぜ合わせる。さらにマヨネーズであえ、全体をよくなじませる。
4. 3にレーズンを入れてあえ、器に盛る。

〈 ブラジル_Brasil 〉

グランジビッコ

ほくほくとしたひよこ豆の食感を味わえる一品です。
ブラジルのサラダに多い、生玉ねぎのみじん切りが味のアクセント。

材料（2人分）

じゃがいも … 1個
にんじん … 1/2本
ひよこ豆（乾燥）
　… 100g
玉ねぎ … 1/5個
トマト … 3/5個
ゆで卵 … 3/5個
オリーブ … 適量
ツナ（缶詰）… 160g
パセリ … 3/5束
塩、こしょう…各少々

ドレッシング
A　塩 … 小さじ1
　　こしょう … 少々
　　酢 … 大さじ1

作り方

1. じゃがいも、にんじんは5mmの角切りにしてゆでる。玉ねぎはみじん切りに、トマト、ゆで卵は5mmの角切りに、オリーブは輪切りにする。
2. 大きめの鍋にたっぷりの湯を沸かす。塩少々を加え、ひよこ豆を強火で約70分ゆでる。
3. ボウルにAを混ぜ、ドレッシングを作る。
4. ツナは油を軽く切り、1、2、3を混ぜて、塩、こしょうで味を調える。みじん切りにしたパセリを加えて、あえる。

〈 ブラジル_Brasil 〉

サラダ・デ・フェジョン

「カリオカ」＝"地元住民"の名を持つほど、
ブラジル家庭料理の代表的な食材であるカリオカ豆。
さっぱりとした、さわやかな味つけで、飽きの来ない一品です。

材料（2人分）

カリオカ豆
（ささげ豆でも代用可能）… 100g
玉ねぎ … 1/5個
紫玉ねぎ … 3/5個
コエントロ（コリアンダー）… 1/5本
トマト … 3個
ベーコン（スライス）… 4/5枚
塩 … 少々
ホワイトペッパー … 少々
サラダ油 … 小さじ1と1/5
オリーブオイル … 適量

作り方

1. 玉ねぎ、紫玉ねぎ、コエントロはみじん切りにする。
2. トマトは種を取り、5mmの角切りにする。
3. みじん切りにしたベーコンを、油を熱したフライパンに入れ、火が通るまで約1～2分炒める。
4. カリオカ豆を水洗いし、圧力鍋でやわらかくなるまで煮る。
5. 1～4をボウルに混ぜ合わせ、塩、ホワイトペッパーで味を調える。オリーブオイルであえて、器に盛る。ミントの葉（分量外）を飾る。

memo

「カリオカ」の意味する"地元"とは、ブラジルの南東部に位置する都市、リオデジャネイロのこと。コルコバードの丘に立つキリストの像や、リゾート地として人気のあるコパカバーナ海岸、ボサノバのタイトルの由来になっているイパネマ海岸などを擁しています。世界有数の祭り、リオのカーニバルが開かれることでも有名です。

〈 ペルー_Peru 〉

カウサ・レジェーナ・デ・アトゥン

カウサは唐辛子の辛みが効いたマッシュポテト。
カウサを丸く抜いて具をサンドするサラダは
ペルーではポピュラーな一品です。

材料（2人分）

- じゃがいも … 1個
- ツナ（缶詰）… 1個
- 万能ねぎ … 少々
- ゆで卵 … 1個
- オリーブ … 4粒
- 乾燥パセリ … 適量
- マヨネーズ … 大さじ4
- 牛乳 … 小さじ2/3
- オリーブペースト（市販品）… 小さじ2/3

A
- アヒ・アマリージョ（ペルーの唐辛子。マスタードでも代用可能）… 小さじ1
- レモン果汁 … 小さじ1/4
- 塩、こしょう … 少々
- オリーブオイル … 適量

作り方

1. じゃがいもは皮のままやわらかくなるまでゆで、皮をむく。ボウルに入れて潰し、**A**を加える。
2. 汁気を切ったツナにマヨネーズ大さじ2と小口切りにした万能ねぎを加える。
3. 直径12cmのセルクル型に半量の*1*、*2*、残りの*1*の順に詰めて、器に盛る。
4. ソースを2種類作る。マヨネーズ大さじ1と牛乳、マヨネーズ大さじ1とオリーブペーストをそれぞれ混ぜる。
5. *3*を型から抜き、5mm厚さに切ったゆで卵、オリーブ、乾燥パセリで飾る。*4*をそれぞれまわりに飾る。

South America

〈 ペルー_Peru 〉

ソルテリート

豆をふんだんに使ったアンデス風のサラダ。
アンデス原産の穀物であるキヌアとチーズを合わせた、
異なる食感の組み合わせを楽しめる一品です。

材料（2人分）

花豆 … 8粒
そら豆（冷凍） … 8粒
トマト … ½個
紫玉ねぎ … ¼個
じゃがいも … ½個
にんじん … ¼本
キヌア … 大さじ1
グリーンピース（缶詰）… 8粒
フレッシュチーズ … 1個

イタリアンパセリ … 少々
A　赤ワインビネガー … 大さじ3
　　オリーブオイル … 大さじ5
　　にんにく … 1片
ロコト（ペルーの唐辛子。
赤ピーマンで代用可能）
　… 少々
塩 … 少々

作り方

1. 花豆は水にひと晩漬けて戻す。鍋に湯を沸かし、やわらかくなるまでゆでる。そら豆は湯を沸かした鍋に入れ、やわらかくなるまでゆでる。

2. トマトは1.5cm角に切る。紫玉ねぎはみじん切りにし、水にさらす。味をみて、苦みがなくなったら、ざるにあげて水気を切る。

3. じゃがいもは皮ごとゆでて粗熱を取り、皮をむいて1.5cm角に切る。にんじんは1.5cm角に切ってゆでる。

4. キヌアはたっぷりの水で戻し、ざるに上げる。鍋に湯を沸かし、約20分ゆでてざるにあげる。ボウルにAを混ぜ合わせる。

5. チーズは食べやすい大きさに切り、グリーンピース、1、2、3、4、5、とあえて器に盛る。刻んだイタリアンパセリをまぶす。

〈 ペルー_Peru 〉

ロクロ

ペルーのとうもろこしは、色が白っぽく、粒が大きめ。
かぼちゃのなめらかさと、とうもろこしの歯ごたえ、
ふたつの対比が楽しめる煮込み料理です。

材料（2人分）

- 花豆 … 8粒
- かぼちゃ … ½個
- じゃがいも … ½個
- 玉ねぎ … ¼個
- チョクロ（ペルー産とうもろこし。とうもろこしでも代用可能）… ½本
- サラダ油 … 適量
- 塩 … 少々
- チキンコンソメ（顆粒）… 10g
- 水 … 50mℓ
- 牛乳 … 150mℓ
- フレッシュチーズ（モッツァレラ）… 1個
- イタリアンパセリ … 少々

作り方

1. 花豆は水にひと晩漬けて戻す。
2. かぼちゃと皮をむいたじゃがいもはひと口大に切り、玉ねぎはみじん切りにする。
3. 鍋に湯を沸かし、花豆と2のじゃがいもは火が通るまでゆでて冷ます。
4. 鍋に油をひいて熱し、2の玉ねぎがしんなりするまで炒めて、塩を加え、3とあえる。
5. コンソメを水に溶かして、4に加える。
6. 別の鍋に湯を沸かし、チョクロは火が通るまでゆでる。ゆで上がったら粒を切り落としておく。
7. 鍋に湯を沸かし、2のかぼちゃを入れてゆでる。火が通ったら潰し、5、6を加えて牛乳を注ぐ。
8. もったりとするまで煮詰まったら器に盛り、1cm角に切ったチーズとちぎったイタリアンパセリを飾る。

South America

〈 メキシコ_Mexico 〉

じゃがいもと
万願寺唐辛子のサラダ

唐辛子を使っているのに甘くてコクがある、
マヨネーズドレッシング。
意外にも日本の食材に合うおいしさです。

材料（2〜3人分）

じゃがいも（メークイン） … 2〜3個
万願寺唐辛子 … 3本
塩 … 少々
マヨネーズドレッシング
　チレ・ムラート（メキシコの唐辛子）
　　… 1本
　ライム … ¼個
　マヨネーズ … 60g

作り方

1. チレ・ムラートはフードプロセッサーで粉砕する。ボウルに移して、マヨネーズと混ぜ合わせ、ライムを絞り、マヨネーズドレッシングを作る。
2. 鍋に湯を沸かし、塩（分量外）を加える。じゃがいもを皮ごと串が通るまでゆでる。
3. 別の鍋に湯を沸かし、万願寺唐辛子を皮がやわらかくなるまでゆでる。
4. *2*を1cm厚さの薄切りにして器に並べ、*3*をトッピングし、*1*をかける。

〈 メキシコ_Mexico 〉
ウチワサボテンの
サラダ

食用のウチワサボテンは、クセが少なくて
いんげん豆に似た味わい。
現地では、さっとゆでてサラダにするのが定番です。

材料（2〜3人分）

ウチワサボテン（缶詰）
　… 160g
かぶ … 1個
いんげん … 5本
ピーマン（赤）… 1個
ゴーダチーズ … 10g

ドレッシング
レモン … 1/6個
A　オリーブオイル
　　　… 大さじ2と1/2
　米酢 … 大さじ1/2
　塩 … 少々

作り方

1. サボテンは、味を見て塩気が強ければ水に半日さらして塩気を抜く。塩気が強くなければそのまま使い、5mm厚さの細切りにする。
2. ドレッシングを作る。ボウルにレモンを絞った汁とAを入れ、混ぜ合わせる。
3. 鍋に湯を沸かし、塩（分量外）を加えて、ひと口大に切ったかぶといんげんをやわらかくなるまでゆでる。
4. *2*に*1*、*3*を入れてあえる。
5. 鍋に湯を沸かし、塩（分量外）を加えて、輪切りにしたピーマンを皮がやわらかくなるまでゆでる。
6. *4*を器に盛り、*5*をのせ、おろしたチーズをふりかける。

South America

 〈 メキシコ_Mexico 〉
ズッキーニとブロッコリーのサラダ

チレ・アンチョのうまみたっぷりのドレッシングが決め手。
唐辛子はコクが一番、辛さは二番がメキシコ流です。

材料（2～3人分）

ズッキーニ … 1本
ブロッコリー … ½株
カッテージチーズ … 大さじ2
ドレッシング
　チレ・アンチョ（メキシコの唐辛子）
　　　… 1本
　水 … 50mℓ
　A　オリーブオイル … 大さじ3と½
　　　米酢 … 大さじ2と½
　　　塩 … 小さじ⅓

作り方

1. ドレッシングを作る。チレ・アンチョは約1時間水に漬けて戻す。漬け汁ごとミキサーにかけてペースト状にする。ボウルに入れ、Aと混ぜ合わせる。

2. 鍋に湯を沸かし、塩（分量外）を加えて、ひと口大に切ったズッキーニとブロッコリーをやわらかくなるまでゆでる。

3. 2を器に盛る。1を回しかけ、チーズをのせる。

〈 メキシコ_Mexico 〉
ほうれん草のサラダ

にんにくをオイルで煮た料理「アヒージョ」。唐辛子と
唐辛子ときのこを足したアヒージョが、香り豊かなドレッシングに。

材料（2〜3人分）
ほうれん草 … 4束
にんにく … 2片
チレ・パスィージャ（メキシコの唐辛子）
　… 1本
マッシュルーム … 4個
塩 … 適量
サラダ油 … 大さじ2と1/2

作り方
1. 鍋に湯を沸かし、塩（分量外）を加えて、ほうれん草をしんなりするまでゆでる。粗熱が取れたら、ざく切りにする。
2. 油を熱したフライパンに薄切りにしたにんにくを入れ、弱火できつね色になるまで炒める。香りが出たら中火にし、細切りにしたチレ・パスィージャを加えて皮がパリッとするまで炒める。5mm厚さの薄切りにしたマッシュルームを足して軽く炒め、塩で味を調え、粗熱を取っておく。
3. 器に1を盛り、2を回しかける。

南米
食と野菜のエピソード

じゃがいも、かぼちゃ、とうもろこし、トマト、アボカド、ピーマン、唐辛子……。
南米を生まれ故郷に持つ食材はたくさんあります。
豊かな食材を活かした、気候に適した食文化が育ってきました。

in Brasil（ブラジル）

　ブラジル料理といえば、串刺しでグリルしたボリュームたっぷりの肉料理「シュラスコ」が日本では有名ですが、実は野菜メニューも豊富です。「フェイラ」と呼ばれる露天の市場では、山盛りになった新鮮な野菜や果物が並び、地元の人々に親しまれています。サラダの味を決めるのはワインビネガーとライム。さっぱりとした酸味が、しばし暑さを忘れさせてくれます。野菜のほかに多く使われているのが豆類。「サラダ デ フェジョン」（p122）や、ブラジルの国民食とされる、豚肉とともに煮込んだシチュー「フェジョアーダ」などに使われています。煮込み料理には、にんにくをたっぷり使うのが決まり。いい香りに自然と人が集まってきます。見知らぬ人にも気軽に声をかけ、大勢でワイワイ食べるのがブラジル流です。

in Peru（ペルー）

　ペルーは、古来から続くインディオの食文化と、スペインなどの影響を受けた食文化が混在し、多彩な料理を堪能できます。スープだけでも、実に2000種類以上。2012年には、世界有数の観光産業を表彰するワールド・トラベル・アワードにおいて「もっとも美食を楽しむことのできる観光地」に選出。美食部門での表彰が設けられてから、初めての受賞国となったことからも、グルメ大国としての存在はお墨つき。文化だけなく、食材自体も豊かなこの地域。たとえば、じゃがいもの品種は一説には300を超えるとのこと。料理ごとに品種を決めて、こだわりを持って使う人も少なくないそう。プチプチした歯ごたえがおいしいジャイアントコーンのチョクロは、料理のつけ合わせによく使われます。生野菜をほとんど食べないペルーで、唯一生食に用いられるのが紫玉ねぎ。合わせる味つけのベースはレモンです。ペルー産は酸味が強くシャープな味わいが特徴です。

Part 5

アフリカ

野菜や豆類を活かしたヘルシーな料理が多いアフリカ。
スパイスや唐辛子でアクセントを効かせた、
エキゾチックな味わいを堪能してください。

- ◆ エジプト
- ✵ モロッコ
- ❁ マリ
- ✺ コートジボワール
- ✣ セネガル

〈 エジプト_Egypt 〉
ホムモス

香り高いごまとひよこ豆をあわせた、なめらかな食感が特徴のヘルシーな一品。エジプトをはじめ、周辺の国々でも食べられている定番料理です。

材料（2人分）

ひよこ豆（乾燥）… 200g
白ごまペースト（市販品）… 100g
にんにく … 3片
レモン … ½個
塩、こしょう … 各少々

作り方

1. ひよこ豆は水にひと晩漬けて戻す。鍋にたっぷりの湯を沸かし、やわらかくなるまで約30〜40分ゆでてから、皮をむく。
2. ひよこ豆の粗熱が取れたら飾り用に数粒を残し、ごまペーストとにんにくを加えて、ペースト状になるまでミキサーにかける。塩、こしょうで味を調える。
3. 器に盛って、レモンを絞り、2で残したひよこ豆を飾る。

memo

ホムモスやフル・ミモダス（p142）をはじめとするペースト状の料理に添えられることが多いのが、エジプトのパン「エイシ」。ピタパンのような食感で、ホムモスをつけてディップのようにして食べます。アラビア語で"命"を意味するエイシは、それくらいエジプトの食卓には欠かせない一品とされています。

〈 エジプト_Egypt 〉

ファラフィル

エジプトでは朝食として好まれている
スパイシーな豆のコロッケ。
ヘルシーなのに、ボリュームは満点です。

材料（4人分）

そら豆（乾燥）… 200g
（冷凍、生の場合は400g）
A　コリアンダー … 1束
　　パセリ … 50g
　　玉ねぎ … 1個
　　にんにく … 1片
B　コリアンダーパウダー
　　　… 小さじ1
　　クミンパウダー … 小さじ1
　　塩 … 小さじ2

小麦粉 … 大さじ3
いりごま（白）… 適量
塩 … 少々
揚げ油 … 適量
好みの野菜（キャベツ、
にんじん、パプリカ（赤）など）
　　… 適宜

作り方

1. そら豆は水にひと晩漬けて戻す。鍋にたっぷりの湯を沸かし、塩を加える。やわらかくなるまで約1〜2時間ゆでてから、皮をむく。

2. 1とAをフードプロセッサーに入れ、具材の形がなくなるまで撹拌する。

3. ボウルに2を入れ、Bを加えてよく混ぜ合わせる。つなぎの小麦粉を少しずつ加え、ペースト状になるまで固さを調整する。

4. 水で濡らした手に4〜5cm大の3を取り、余分な水分を絞りながら円形に成形し、ごまをまぶす。残りも同様に成形する。

5. 150℃の揚げ油で4を表面がきつね色になるまでゆっくりと揚げる。油をよく切り、器に盛る。好みの野菜をせん切りにし、添える。

※冷凍のそら豆を使う場合は、自然解凍して皮をむく。
　生のそら豆を使う場合は、戻した乾燥そら豆と同様に、ゆでて皮をむく。

Africa

〈 エジプト_Egypt 〉

フル・ミダモス

エジプトの朝食の定番、そら豆の煮込みは優しい味わい。
パンにつけて食べるのがおすすめです。

材料（4人分）

そら豆（乾燥）… 200g
　　（冷凍、生の場合は400g）
白ごまペースト（市販品）… 100g
レモン … 1/2個
ミニトマト … 2個
パセリ … 適量
塩 … 少々

作り方

1. そら豆は水にひと晩漬けて戻す。鍋に湯を沸かし、塩を加える。やわらかくなるまで約1～2時間ゆで、皮をむく。
2. 1の粗熱が取れたら、ごまペーストを加えてフードプロセッサーで撹拌する。
3. 2を器に盛る。レモンを絞り、くし切りにしたミニトマトを飾る。

※冷凍豆は、自然解凍して皮をむく。生豆は乾燥豆と同様に、ゆでて皮をむく。

〈 モロッコ_Morocco 〉
スラダ・ドゥ・ブタタ

サフランをまぶした色鮮やかなじゃがいもと、スパイスの風味がオリエンタル。アラビア語で"ポテトサラダ"という意味です。

材料（2人分）
- じゃがいも … 2個
- パプリカ（赤）… 1/8個
- 玉ねぎ … 少々
- A　塩、黒こしょう … 各少々
  - クミン … 適量
  - コリアンダー … 適量
  - サフラン … 適量
  - レモン … 適量
  - 酢 … 適量
  - オリーブオイル … 適量
- イタリアンパセリ … 少々

作り方
1. じゃがいもは皮をむいて1cmの角切りにする。やわらかくなるまで煮て、粗熱を取る。
2. パプリカはみじん切りにする。玉ねぎはみじん切りにし、水にさらす。
3. ボウルにAを混ぜ合わせる。
4. 3に1と2を入れてあえ、器に盛る。刻んだイタリアンパセリを散らす。

〈 モロッコ_Morocco 〉

ザアルーク

トマトをペースト状にして、なすを煮込む料理。
温かいままでも冷たくしてもおいしくいただけます。
モロッコスタイルのパンを添えると、現地の味わいに。

材料（2人分）

- なす … 2個
- トマト … 1個
- にんにく … 1片
- サラダ油 … 適量
- 揚げ油 … 適量

A
- 塩、黒こしょう … 各少々
- クミン … 少々
- コリアンダー … 少々
- パプリカ … 少々
- オリーブオイル … 少々

- イタリアンパセリ … 少々
- ホブス（モロッコの平らなパン） … 1枚

作り方

1. なすはヘタを取ってさいの目切りにし、皮の色が変わるまで揚げ油で揚げる。
2. トマトはさいの目切りに、にんにくはみじん切りにする。
3. 油を熱したフライパンに2を入れ、約4分炒める。
4. 鍋に3とAを加えて、約3〜4分煮込む。
5. 4に1を混ぜ合わせて、器に盛る。刻んだイタリアンパセリを散らす。好みで食べやすい大きさに切ったホブスを添える。

Africa

〈 マリ_Mali 〉

ファコイ

砂漠に住む遊牧民、トゥアレグ人に伝わる煮込み料理。
とろりとした煮込みは、滋養もコクもたっぷりです。

材料（2人分）

ブルグルボール
- ブルグル（挽き割り小麦）、オートミール … 各50g
- 玉ねぎ（小） … 1/2個
- にんにく … 1片
- 塩、オールスパイス、オリーブオイル…各適量
- 揚げ油 … 適量

モロヘイヤの煮込み
- モロヘイヤ … 1束
- 玉ねぎ（中） … 1/2個
- トマト（大） … 1個
- オクラ … 8本
- にんにく、しょうが … 1片
- 赤唐辛子 … 1/4本
- ブイヨン（顆粒） … 小さじ1
- 塩 … 少々
- 水 … 200ml
- パームオイル（ほかの植物油でも代用可能） … 適量
- 唐辛子ペースト（市販品） …適量

作り方

ブルグルボール

1. ブルグルはゆでて戻し、オートミールは細かく砕く。
2. オリーブオイルを熱したフライパンにざく切りにした玉ねぎとみじん切りにしたにんにくを入れ、炒める。火が通ったらフードプロセッサーにかける。
3. 2をボウルに移し、1、塩、オールスパイスを加えて練り、ピンポン玉大に丸め、170℃の揚げ油で焼き色がつくまで揚げる。

モロヘイヤの煮込み

1. モロヘイヤ、玉ねぎ、トマトはざく切りに、オクラは斜め切りにする。
2. パームオイルを熱したフライパンに玉ねぎ、にんにく、しょうがを入れて、しんなりするまで炒め、フードプロセッサーにかける。なめらかになったらモロヘイヤとトマトを加えて混ぜる。
3. 2を鍋に入れ、みじん切りにした赤唐辛子、ブイヨン、塩を加え、水を入れて約15分煮込む。オクラを加えてさらに弱火で約5分煮る。味をみて、ブイヨン、塩で味を整える。
4. 3を器に盛り、ブルグルボールをのせて、唐辛子ペーストを中央に添える。

〈 コートジボワール_Ivony Coast 〉

パステル

西アフリカ一帯では、干物の魚がポピュラーな食材。
ガラムマサラのスパイシーな味つけが、
素材の風味をまとめあげています。

材料（2人分）

干ダラ … 25g
玉ねぎ（中）… ¼個
にんにく … ½片
しょうが … ½片
キャベツ（小）… ¼個
ほうれん草 … ½束
餃子の皮（大判）… 6〜8枚
赤唐辛子 … 適宜
塩、こしょう … 各適量

ガラムマサラ
　（カレー粉でも代用可能）
　… 適量
ブイヨン（顆粒）… 適宜
唐辛子ペースト（市販品）
　… 適宜
パームオイル
　（ほかの植物油でも代用可能）
　… 適宜
揚げ油 … 適量

作り方

1. 干ダラは水にひと晩漬けて戻し、水気を切ってから割く。
2. 玉ねぎは薄切りに、にんにく、しょうがはみじん切りにする。
3. キャベツはせん切りに、ほうれん草はざく切りにする。
4. パームオイルを熱したフライパンに2を入れて炒める。好みで赤唐辛子を加える。1と3のキャベツを入れて塩、こしょうで味を調え、好みでブイヨンを加える。
5. キャベツがしんなりしたら3のほうれん草を入れる。味をみながらガラムマサラを加える。
6. 水分をしっかり切り、冷蔵庫で1時間以上冷やす。
7. 6を餃子の皮の中央にのせ、フチに水をつけ、ひだを作りながら閉じる。170℃の揚げ油できつね色になるまで揚げる。
8. 器に盛り、好みで唐辛子ペーストを添える。

Africa

〈 セネガル_Senegal 〉

さつまいものグラタン

やわらかな食感のさつまいもとココナッツの風味が、
甘みを引き立て合います。
セネガルの特産品であるピーナッツを加えるのが味のポイント。

材料（2人分）

さつまいも（中）… 1本
玉ねぎ（中）… ½個
にんにく… 1片
A　卵 … 1個
　　チーズ … 100g
　　ココナッツミルク … 100mℓ
　　ピーナッツバター（無糖）
　　　… 大さじ1
ナツメグ … 小さじ½
ジンジャーパウダー
　… 小さじ½
塩、こしょう … 各適量
ココナッツオイル … 適量
タイム … 適宜

作り方

1. さつまいもは皮をむいてすりおろす。
2. ココナッツオイルを熱したフライパンに玉ねぎとにんにくを入れ、炒める。玉ねぎがしんなりしたら塩、こしょうを加えてボウルに移す。
3. *2*にAと*1*を入れて混ぜ合わせる。
4. ココナッツオイルを塗った器に*3*を入れて200℃に予熱したオーブンで約40分焼く。焼き上がり直前にタイムをのせる。

Africa

〈 セネガル_Senegal 〉

アクラ

お肉を使わないのにしっかりとした食べごたえ。
現地ではおやつに食べられていますが、お酒のおつまみにもぴったりです。

材料（2人分）
黒目豆 … 50g
パクチー … 1/4束
紫玉ねぎ（アーリーレッド）… 1/4個
にんにく … 1/2片
赤唐辛子 … 適量
塩 … 小さじ1/4
揚げ油 … 適量
唐辛子ペースト（市販品）… 適宜

作り方
1. 黒目豆は水にひと晩漬けて皮をむいておく。パクチーはざく切りにする。
2. 黒目豆と紫玉ねぎはフードプロセッサーにかける。みじん切りにしたにんにく、種を取った赤唐辛子、塩を加えて、混ぜる。
3. 2をボウルに移してパクチーを混ぜ、スプーンですくって170℃の油に落とす。こんがりと色がつくまでじっくりと揚げる。
4. 器に盛り、好みで唐辛子ペーストを添える。

アフリカ
食と野菜のエピソード

一説には人類発祥の地とされるアフリカは、赤道を挟んで
南北に広がる大陸。さまざまな気候と民族、宗教、そして歴史的背景から
多様な食文化を持っています。

in Egypt （エジプト）

　世界四大文明のひとつであるエジプト文明を培い、多くの文化が花開いた土地エジプトは、アフリカの文化を牽引するリーダー的存在の地域。ナイル川の恵みにより豊かな穀倉地帯を持ち、古代から小麦をはじめとする穀物を栽培してきました。現在の発酵過程を経るパンの原型はエジプトで生まれたといわれているほか、ワインやビールの発祥地といわれています。最近ではひよこ豆を使ったコロッケ「ファラフィル」（p140）を販売する店がフランスのパリで話題になるなど、ヘルシーな食として注目を集めています。

in Morocco （モロッコ）

　モロッコの食文化は、オリーブオイルや野菜を多く用いる地中海料理の食材やテクニックを取り入れて育まれてきました。ハーブや香辛料を用いて洗練された料理が発達し、細長い先端を持つフタが特徴的なタジン鍋など、独自のスタイルを生み出しています。モロッコ料理をはじめとする地中海一帯の料理文化は、2010年にユネスコの無形文化遺産に登録されました。

in West part （マリ／セネガル／コートジボワール）

　大西洋に面した西部には、ポルトガルやスペインといったヨーロッパの国々を通じて、異文化が流入しました。中でも南米大陸から伝わった唐辛子とトマトは、現地の料理に欠かせない食材となっています。内陸部でも沿岸部と同様に、さつまいもに似た食感のキャッサバや、料理用のバナナであるプランテン、落花生などが大航海時代に持ち込まれました。こうした食材の栽培は現在でも盛んに行われています。また、古来からの狩猟の文化が残っており、カモシカ、イノシシの肉なども食べられています。

世界のユニークサラダ

イタリア
Italy

きゅうりとメルッパのソットアチェート

「ソットアチェート」とはイタリア語で"ピクルス"のこと。
クセが少なく栄養価の高いメルッパのほかにも、
いろいろな野菜で作ることができます。

材料（2～3人分）
- きゅうり … 5本
- メルッパ（おかわかめ）… 300g
- なす … 1本
- 紫玉ねぎ … 1/4個
- A　白ワインビネガー … 200mℓ
  - 粒マスタード … 大さじ1
  - 塩 … 大さじ2
  - 砂糖 … 大さじ8
- ミニトマト（赤、黄）… 適宜
- 小麦粉 … 適量
- バルサミコ酢 … 適宜
- 揚げ油 … 適量

作り方
1. 鍋にAを入れ、沸騰させて冷ます。
2. きゅうりは輪切りにし、軽く湯にくぐらす。メルッパはしんなりするまで湯がき、別々に氷水にさらして水気を切る。
3. なすは縦1cm厚さに切る。小麦粉をつけ、180℃の揚げ油で片面をそれぞれ2分ずつ揚げる。
4. 紫玉ねぎは5mm厚さのせん切りにし、約30秒ゆでて水気を切る。
5. 2、3、4を別々に1でひと晩漬ける。
6. 器に盛り、縦半分に切ったミニトマトを飾る。バルサミコ酢をライン状に飾る。

※密閉容器に入れて、冷蔵庫で約1週間保存可能。

作り方の過程で具材に火を通して作る、世界各国のユニークな
サラダをご紹介します。アツアツの状態ではいただきませんが、
その土地ならではの食材のセレクトや盛りつけを楽しんでみてください。

ロシア
Russian

毛皮のコートを着たニシン

ロシアでは正月や誕生日など、お祝いの日に作られる
ポピュラーなサラダ。透明なグラスに盛ると、
色鮮やかな食材の層を楽しめます。

材料（2人分）
ニシン … 1/4尾
卵 … 1個
じゃがいも（メークイン）、
ビーツ、玉ねぎ … 各1/4個
にんじん … 1/4本
ディル、マヨネーズ、塩 … 各適量

作り方
1. おろしたニシンは強めに塩をふり、ディル
をのせる。涼しい場所で一晩おき、皮を
むいて細かく刻む。
2. 卵は固ゆでにし、じゃがいも、にんじん、
ビーツはそれぞれ皮つきのままゆで、冷め
てから皮をむいて細かく刻む。玉ねぎはみ
じん切りにする。
3. グラスの器に、下からニシン、玉ねぎ、卵、
じゃがいも、にんじん、ビーツの順に重ね、
それぞれの間にマヨネーズを薄く塗る。

ペルー
Peru

パルタ・レジェーナ

「パルタ」とは"アボカド"のこと。ペルーはアボカドを使った
「パルタケーキ」というスイーツがあるくらい、
アボカドが大好きな国です。

材料（2人分）
アボカド … 1/2個
じゃがいも … 1/4個
にんじん … 1/4本
グリーンピース … 10粒
鶏むね肉 … 1/4枚
マヨネーズ … 大さじ3

作り方
1. じゃがいも、にんじんは串がすっと通るまでゆでる。冷ましてから1cm角に切る。
2. 鶏肉は火が通るまでゆで、冷ましてから1cm角に切る。
3. ボウルに 1、2、グリーンピースを加え、マヨネーズであえる。
4. 半分に切って種を取り皮をむいたアボカドに 3 を詰め、器に盛りつける。

世界のユニークサラダ

メキシコ
Mexico

にんじんとパプリカのサラダ

煮てもピリリとした辛さが残る、みずみずしさが特徴の青唐辛子、
チレ・ハラペーニョを使ったサラダ。
素材の色のコントラストが食卓に彩りを添えます。

材料（2～3人分）
パプリカ（赤、黄）… 各½個
にんじん … ½本
チレ・ハラペーニョ（メキシコの唐辛子、缶詰）
　… 2本
チレ・ハラペーニョの缶詰の漬け汁
　… 60㎖
水 … 300㎖
塩 … 少々

作り方
1. パプリカ、チレ・ハラペーニョは薄切りに、にんじんは輪切りにする。
2. 鍋に湯を沸かし、にんじんは固さがなくなるまでゆで、パプリカ、チレ・ハラペーニョ、缶詰の漬け汁を加えて煮る。ひと煮立ちしたら塩で味を調える。
3. バットに移し、粗熱を取ってから冷蔵庫で5時間以上冷やし、器に盛る。

Shop List

Ⓐ 荒井商店
住 東京都港区新橋5-32-4
　 江成ビル1F
Tel 03-3432-0368
営 11:30-15:00(LO14:30)
　 /18:00-23:00(LO22:00)
　 日曜定休(土曜 要問い合せ)

Ⓖ ジャスミンタイ 四谷店
住 東京都新宿区四谷1-17
　 後藤ビル1F
Tel 03-5368-1091
営 11:30-15:00(LO14:30)
　 /17:00-23:00(LO22:00)
　 無休

Ⓑ ウィスラーカフェ
住 東京都千代田区神田神保町
　 1-18-10
Tel 03-6273-7203
営 17:00-23:00(LO22:30)
　 日曜・祝定休
　 貸切予約可

Ⓗ シュハスカリア キボン
住 東京都台東区西浅草
　 2-15-13 日光社ビル B1F
Tel 03-5826-1538
営 月-土17:00-23:00
　 日・祝17:00-22:00
　 無休

Ⓒ エリカ
住 東京都豊島区西池袋
　 1-40-1 B1F
Tel 03-3981-0222
営 17:00-23:00(LO23:00)
　 月曜定休

Ⓘ だあしゑんか
住 東京都新宿区舟町7
　 田島ビル2F
Tel 03-5269-6151
営 月 18:00-22:30
　 火-金18:00-24:00/
　 土・日・祝日14:00-22:30
　 (LO各30分前) 無休

Ⓓ カーポラヴォーロ
住 東京都新宿区高田馬場
　 2-14-5 サンエスビル1F
Tel 03-5287-5991
営 11:00-15:00(LO14:30)
　 日・祝ランチメニューなし/月-金
　 17:30-23:00(LO22:00) 土・日・祝日
　 17:00-23:00(LO22:00) 水曜定休

Ⓙ トニーローマ 三番町店
住 東京都千代田区三番町1
Tel 03-3222-3440
営 月-金11:30-15:30(LO15:00)/
　 17:00-23:00(LO22:00)
　 土12:00-23:00(LO22:00)
　 日・祝12:00-22:30(LO21:30)
　 無休

Ⓔ カフェロシア
住 東京都武蔵野市吉祥寺本町
　 1-4-10 ナインビルB1F
Tel 0422-23-3200
営 11:30-22:00 無休

Ⓚ ネフェルティティ東京
住 東京都港区西麻布3-1-20
　 Dear西麻布1・2F
Tel 03-6844-8208
営 月・木・日・祝11:30-15:00(完全予約制)
　 /15:00-17:00/17:00-25:00
　 金・土11:30-15:00(完全予約制)
　 /15:00-17:00/17:00-29:00 無休

Ⓕ 銀座ファブリ
住 東京都中央区銀座2-10-5
　 オオイビル1F
Tel 03-6226-6117
営 月-木17:30-24:00
　 金17:30-26:00
　 日・祝15:00-23:00(LO各1時間前)
　 年末年始休

Ⓛ バインセオ サイゴン 新宿店
住 東京都新宿区新宿3-36-14
　 カワノアネックス6・7F
Tel 03-3351-6940
営 11:00-23:00(LO22:30)
　 不定休

※店舗の情報は2015年11月現在のものです。
※リストは50音順に表記しています。

Ⓜ Baru 恵比寿
住 東京都渋谷区恵比寿
　　1-21-13　コンフォリア
　　恵比寿1F
TEL 03-6408-6630
営 18:00-27:00(LO26:00)
　　無休

Ⓢ ラ・カシータ
住 東京都渋谷区代官山町13-4
　　セレサ代官山2F
TEL 03-3496-1850
営 月17:00-23:00(LO22:00)
　　水・土・日・祝12:00-15:00(LO14:30)
　　/17:00-23:00(LO22:00)
　　火曜定休

Ⓝ ビストロ jeujeu
住 東京都中央区銀座7-2
　　コリドー街108
TEL 03-3573-8102
営 月~木11:30-14:00/17:00-24:00
　　金・祝前日11:30-14:00/17:00-
　　28:30 土・日・祝15:00-24:00
　　無休

Ⓣ リラ・ダーラナ
住 東京都港区六本木6-2-7
　　ダイカンビル2F
TEL 03-3478-4690
営 12:00-15:00/
　　18:00-23:00(LO21:30)
　　日曜・祝定休

Ⓞ Mr.ZOOGUNZOO
住 東京都渋谷区渋谷2-9-11
　　青山シティビルB1F
TEL 03-3400-1496
営 17:00-23:30(LO22:30)
　　日曜・祝定休
　　貸切予約可

Ⓤ ル・マグレブ・シャンデリア
住 東京都港区西麻布1-12-5
　　山武霞町ビル1F
TEL 03-3478-1270
営 月17:30-23:00(予約制)
　　火-金11:30-15:00/17:30-23:30
　　土11:30-24:00 日11:30-23:00
　　無休

Ⓟ ミンスクの台所
住 東京都港区麻布台1-4-2
　　ニューライフ麻布台1F
TEL 03-3586-6600
営 17:00-22:30(LO22:00)
　　日曜定休

Ⓥ レストラン ザクロ
住 東京都荒川区西日暮里
　　3-13-2 谷中スタジオ1F
TEL 03-5685-5313
営 11:00-23:00
　　(ランチ-15:00/LO22:00)
　　無休

Ⓠ 八重洲 福龍
住 東京都中央区八重洲1-5-20
　　石塚八重洲ビル1・2F
TEL 03-3243-1133
営 月-金11:20-15:00(LO14:25)/月-木
　　17:00-22:30(LO21:20) 金17:00-23:30
　　(LO21:50) 土11:20-15:00(LO14:00)/
　　17:00-22:00(LO20:50) 日曜・祝定休

Ⓦ ローズ&クラウン 新宿NSビル店
住 東京都新宿区西新宿2-4-1
　　新宿NSビル1F
TEL 03-3345-1926
営 月-金7:00-23:30(LO22:30)
　　土・日・祝12:00-22:30
　　(LO21:30)
　　無休

Ⓡ 焼肉店ナルゲ
住 東京都渋谷区道玄坂
　　1-5-9 レンガビル2F
TEL 03-3461-8286
営 11:30-16:00(LO15:30)/
　　17:00-23:00(LO22:30)
　　無休

Ⓧ ロス・バルバドス
住 東京都渋谷区宇田川町
　　41-26 パピエビル104
TEL 03-3496-7157
営 12:00-15:00/
　　18:00-22:00
　　日曜定休、月曜不定休

編集制作	吉岡奈美（スタジオダンク）
撮影	宇賀神善之、奥村暢欣、柴田愛子（以上スタジオダンク）、北原千恵美
デザイン	池田香奈子（スタジオダンク）
取材	樫永真紀、宇治川麻衣子、勝山みずほ、穴水奈津子、川名亜矢子、中田倫子、荒田麻希（以上キャリア・マム）
校正	岡野修也

世界各地から届いたあたたかい野菜料理とアレンジメニュー85品

世界のホットサラダレシピ　NDC 596

2015年11月10日　発行

編　者	誠文堂新光社
発行者	小川雄一
発行所	株式会社 誠文堂新光社
	〒113-0033　東京都文京区本郷3-3-11
	（編集）電話03-5805-7285
	（販売）電話03-5800-5780
	http://www.seibundo-shinkosha.net/
印刷・製本	大日本印刷 株式会社

©2015,Seibunbo Shinkosha Publishing Co.,Ltd.
Printed in Japan
検印省略
禁・無断転載

万一落丁・乱丁の場合はお取替えいたします。本書掲載記事の無断転用を禁じます。また、本書に掲載された記事の著作権は著者に帰属します。これらを無断で使用し料理教室、講演会、商品化などを行うことを禁じます。

本書のコピー、スキャン、デジタル化等の無断複製は、著作権法上での例外を除き禁じられています。本書を代行業者等の第三者に依頼してスキャンやデジタル化することは、たとえ個人や家庭内での利用であっても著作権法上認められません。

Ⓡ〈日本複製権センター委託出版物〉
本書の全部または一部を無断で複写複製（コピー）することは、著作権法上での例外を除き禁じられています。本書からの複写を希望される場合は、日本複製権センター（JRRC）の許諾を受けてください。
JRRC(http://www.jrrc.or.jp)　E-Mail：jrrc_info@jrrc.or.jp　電話03-3401-2382)
ISBN978-4-416-71579-6